El Nuevo Poder 2024:

Política en México

King Rojo

ISBN: 9798856064451

DEDICACIÓN

Este libro, "El Nuevo Poder 2024: Política en México", está dedicado con profunda gratitud y sincero aprecio al pueblo de México. Es un tributo a la resiliencia, el coraje y el espíritu inquebrantable de los ciudadanos mexicanos que han contribuido al viaje de la nación hacia un futuro mejor.

Este libro está dedicado a las voces que a menudo no se escuchan: las comunidades marginadas, los pueblos indígenas y las poblaciones vulnerables de México. Tu resiliencia y perseverancia ante la adversidad nos inspiran a todos a seguir luchando por una sociedad que no deja a nadie atrás.

Con profundo aprecio y sumo respeto,

King Rojo.

CONTENIDO

EXPRESIONES DE GRATITUD

Escribir un libro es un esfuerzo de colaboración, y "El nuevo poder 2024: la política en México" no hubiera sido posible sin el apoyo, el aliento y las contribuciones de numerosas personas y organizaciones. En este capítulo, expresamos nuestra más sincera gratitud a todos aquellos que han desempeñado un papel importante para hacer de este libro una realidad.

INTRODUCCIÓN

EL NUEVO PODER 2024:

POLÍTICA EN MÉXICO

En el año 2024, México se encuentra en un momento crítico de su historia política, un momento decisivo que tiene el potencial de remodelar la trayectoria de la nación en los años venideros. A medida que el mundo navega por un panorama en constante cambio de desafíos y oportunidades, México se encuentra lidiando con su propio conjunto único de complejidades, buscando forjar un nuevo camino en medio de un orden global que se transforma rápidamente.

"The New Power 2024: Politics in Mexico" explora la interacción dinámica de las fuerzas políticas, las instituciones y las aspiraciones sociales que han dado forma al pasado del país y continúan influyendo en su futuro. Con un enfoque firme en el panorama político de México, este libro profundiza en las complejidades de la gobernabilidad, la búsqueda de la democracia y los problemas apremiantes que enfrenta la sociedad mexicana.

Comprender la evolución política de México requiere rastrear sus raíces históricas. Desde las civilizaciones antiguas hasta las conquistas españolas y las luchas posteriores a la independencia, el camino del país ha estado marcado por la resiliencia y la tenacidad. Nuestra exploración comienza con una descripción histórica perspicaz, que brinda una base sólida para comprender las fuerzas que dieron forma al México moderno.

En el corazón de la maquinaria política de México se encuentra su presidencia. Profundizamos en el papel fundamental del presidente y los poderes ejecutivos ejercidos, examinando las políticas, promesas y desafíos de la administración actual. Al mismo tiempo, desentrañamos el funcionamiento interno del Congreso Mexicano, una entidad legislativa crítica e instrumental en la configuración de las leyes y políticas de la nación.

El estado de derecho y un poder judicial independiente forman la base de cualquier democracia próspera. A lo largo del libro, investigamos el estado del poder judicial mexicano, su autonomía y casos legales emblemáticos que han influido indeleblemente en la política y la sociedad.

El camino de México hacia el progreso no está exento de obstáculos. La corrupción proyecta una larga sombra sobre el panorama político, lo que exige esfuerzos serios para erradicarla. Analizamos el impacto de la corrupción en la gobernabilidad y exploramos la efectividad de las iniciativas anticorrupción para fomentar la transparencia y la rendición de cuentas.

La seguridad y la protección constituyen otro desafío central, con México enfrentando problemas de crimen y violencia. Examinamos la batalla en curso de la nación contra los cárteles de la droga y exploramos estrategias para mejorar la seguridad pública mientras se protegen los derechos humanos.

Las políticas económicas y el bienestar social son componentes integrales del discurso político mexicano. Al evaluar los desafíos y las oportunidades económicas, examinamos los esfuerzos del gobierno para aliviar la pobreza y promover programas de bienestar social para mejorar los sectores marginados de la sociedad.

A medida que nos aventuramos en el ámbito de la educación y el empoderamiento de los jóvenes, exploramos el potencial transformador de las reformas educativas y profundizamos en el empoderamiento de los jóvenes para que se conviertan en participantes activos en la configuración del futuro de México.

Las elecciones sirven como base de la representación democrática. Nuestra exploración de los partidos políticos y la dinámica electoral arroja luz sobre los factores que influyen en el comportamiento y la participación de los votantes, dando forma a los resultados que determinan el curso del viaje político de México.

Más allá de las fronteras nacionales, investigamos el papel de México en el escenario mundial. Al desentrañar su política exterior y compromisos diplomáticos, evaluamos la posición de la nación en la comunidad internacional y los desafíos y oportunidades que encuentra en un mundo interconectado.

A lo largo del libro, mostramos el poder de los movimientos de base y las iniciativas de la sociedad civil para lograr un cambio positivo. Además, examinamos el panorama de los medios y su impacto en el discurso político, enfatizando la necesidad de un periodismo responsable y la integridad de la información.

Al culminar esta exploración integral, imaginamos un México impulsado por la fuerza del nuevo poder: una fuerza ilustrada, dinámica y transformadora que se nutre de la voluntad colectiva de sus ciudadanos. "El Nuevo Poder 2024: Política en México" se esfuerza por fomentar la comprensión, provocar el pensamiento e inspirar la acción, empoderando a los lectores para que se conviertan en participantes activos en la configuración del futuro de esta notable nación.

Únase a nosotros en este viaje transformador mientras nos embarcamos en una exploración del panorama político de México y la promesa de una nueva era, "El Nuevo Poder 2024".

COMPRENDER LA EVOLUCIÓN

POLÍTICA DE MÉXICO

La evolución política de México es un tapiz tejido con hilos de resiliencia, revolución y reforma. Desde sus antiguas civilizaciones hasta nuestros días, la historia de la nación ha estado marcada por conquistas, colonizaciones y luchas por la independencia, dejando una huella imborrable en su panorama político. Comprender las complejidades de la evolución política de México es crucial para comprender las fuerzas que han dado forma a su presente y los caminos potenciales que puede seguir en el futuro.

Civilizaciones antiguas: las semillas del pensamiento político

Mucho antes de la llegada de los conquistadores españoles, la tierra que ahora conocemos como México fue el hogar de civilizaciones avanzadas. Los aztecas, mayas y otros grupos indígenas prosperaron y construyeron sociedades sofisticadas con ricas tradiciones culturales, políticas y religiosas. Los remanentes de estas civilizaciones antiguas aún resuenan en la identidad mexicana moderna, brindando una base para los valores y aspiraciones que dan forma al panorama político de la nación en la actualidad.

Conquista española y dominio colonial

En 1519, Hernán Cortés y sus fuerzas expedicionarias se embarcaron en un viaje que cambiaría para siempre el destino de México. La conquista española condujo a la caída del imperio azteca y la imposición del dominio colonial. Durante casi tres siglos, México fue parte del vasto imperio español, sujeto a un sistema político jerárquico y de explotación de sus recursos. Esta era sentó las bases para una marcada división social y dio forma a la lucha por la independencia que se avecinaba.

La lucha por la independencia

La chispa de la independencia se encendió el 16 de septiembre de 1810, con el famoso "Grito de Dolores" de Miguel Hidalgo. El grito de libertad puso en marcha una lucha prolongada contra el dominio español. Los héroes de la Guerra de Independencia de México, como Hidalgo, Morelos y Allende, lucharon valientemente para asegurar la libertad y la autodeterminación del pueblo mexicano. El 27 de septiembre de 1821, México logró su independencia, marcando el comienzo de un nuevo capítulo en su historia política.

La Primera República y la agitación política

Después de la independencia, México enfrentó desafíos considerables para forjar un sistema político estable. La nación experimentó una serie de transiciones políticas, entre ellas el Primer Imperio Mexicano, que dio paso a la Primera República Mexicana. La agitación y la inestabilidad empañaron los primeros años de la república, cuando las facciones regionales competían por el poder, lo que llevó a un patrón de agitación política que persistiría durante décadas.

El porfiriato: autoritarismo y modernización

En la segunda mitad del siglo XIX, el general Porfirio Díaz surgió como una figura dominante en la política mexicana. El Porfiriato, como se conoció su gobierno, se caracterizó por la modernización económica y la industrialización, pero también por la represión política y el autoritarismo. Aunque Díaz buscó la estabilidad y el progreso, su largo gobierno sembró las semillas del descontento que finalmente conduciría a la Revolución Mexicana.

La revolución mexicana: un punto de inflexión

La Revolución Mexicana, que comenzó en 1910, marcó un punto de inflexión profundo en la historia política de México. Encabezada por figuras como Francisco Madero, Emiliano Zapata y Pancho Villa, la revolución buscó derrocar al régimen de Díaz y abordar las injusticias sociales y económicas. Los resultados de la revolución fueron multifacéticos y llevaron a reformas constitucionales, redistribución de tierras y un nuevo sentido de identidad nacional basado en los principios de justicia e igualdad.

La era del Partido Revolucionario Institucional (PRI)

Después de la Revolución Mexicana, el Partido Revolucionario Institucional (PRI) surgió como la fuerza política dominante en México. El PRI gobernó la nación durante más de siete décadas, manteniendo la estabilidad a través de una mezcla de autoritarismo, cooptación y políticas pragmáticas. Bajo el gobierno del PRI, México experimentó períodos de crecimiento económico, pero también enfrentó desafíos de corrupción, represión política y distribución desigual de la riqueza.

Hacia la democracia: la transición y más allá

A finales del siglo XX, México emprendió un camino hacia la democratización. La elección presidencial de 1988 marcó un momento significativo cuando se desafió el dominio histórico del PRI, lo que llevó al surgimiento de partidos de oposición. Los años siguientes fueron testigos de un mayor pluralismo político, elecciones libres y justas y una transición gradual hacia un sistema más democrático.

La evolución política de México es un mosaico de triunfos y luchas, caracterizado por la perseverancia y la búsqueda de la justicia. Comprender el pasado de la nación proporciona una lente a través de la cual podemos analizar su dinámica política actual y prever las posibilidades para el futuro. Al entrar México en el año 2024, las semillas sembradas por sus antiguas civilizaciones, las luchas por la independencia, las revoluciones y las transiciones hacia la democracia convergen para dar forma a "El Nuevo Poder" que llama a la nación hacia adelante. En los capítulos que siguen, profundizaremos en el panorama político contemporáneo de México, explorando sus instituciones, desafíos y el potencial de transformación en la búsqueda de un mañana mejor.

RESEÑA HISTÓRICA DE LA

POLÍTICA MEXICANA

Para comprender el presente, hay que adentrarse en el pasado. Las raíces históricas de la política mexicana están profundamente entrelazadas con su rico tapiz de civilizaciones, conquistas, revoluciones y reformas. Este capítulo se embarca en un viaje a través de los anales del tiempo, explorando los principales eventos, hitos y movimientos políticos que han dado forma al panorama político de México. Desde la época precolombina hasta los albores del siglo XXI, los ecos de la historia resuenan en las instituciones y aspiraciones del México actual.

Las Civilizaciones Precolombinas

Mucho antes del contacto europeo, la tierra que ahora se conoce como México fue el hogar de civilizaciones avanzadas que florecieron en sus diversas regiones. Los olmecas, mayas y aztecas estuvieron entre los más influyentes y construyeron sociedades prósperas con estructuras políticas complejas, centros urbanos sofisticados y ricas tradiciones culturales. Los remanentes de sus legados continúan resonando en la identidad mexicana moderna, sentando las bases para los principios de gobernabilidad y comunidad que perduran hasta el día de hoy.

La conquista española y el dominio colonial

El año 1519 marcó un punto de inflexión trascendental en la historia de México cuando los conquistadores españoles, encabezados por Hernán Cortés, llegaron a sus costas. Durante los años siguientes, el Imperio Azteca, entonces una fuerza dominante en la región, sucumbió a la conquista española, lo que condujo al establecimiento de la Nueva España. El dominio colonial impuso un sistema político jerárquico, con la corona española ejerciendo autoridad absoluta sobre sus súbditos. Este período fue testigo de la fusión de las culturas española e indígena, creando una identidad mestiza única que caracteriza a la sociedad mexicana.

Independencia y nacimiento de una nación

A principios del siglo XIX, México se embarcó en un viaje hacia la independencia. Inspirados por los ideales de libertad y autodeterminación, revolucionarios como Miguel Hidalgo, José María Morelos y Vicente Guerrero lideraron la carga contra el dominio colonial español. El 27 de septiembre de 1821, México logró su independencia, marcando el nacimiento de una nación soberana. El México recién independizado luchó por establecer estructuras de gobierno estables, lo que condujo a una serie de transiciones políticas y trastornos.

La Reforma Liberal y la Era de la Reforma

A mediados del siglo XIX, México experimentó importantes transformaciones políticas y sociales durante la Reforma Liberal. Encabezada por figuras como Benito Juárez, esta época buscó secularizar la sociedad, romper el poder de la Iglesia Católica y promover las libertades individuales. Las Leyes de Reforma de la década de 1850 sentaron las bases para la separación de la iglesia y el estado, la redistribución de la tierra y la introducción de principios liberales en el marco legal del país.

Era porfiriana: estabilidad y autoritarismo

Los finales del siglo XIX y principios del XX fueron testigos del Porfiriato, un período de estabilidad y crecimiento económico bajo el gobierno de Porfirio Díaz. Aunque el régimen de Díaz trajo modernización y desarrollo a México, estuvo marcado por la represión política y las crecientes desigualdades sociales. La concentración del poder en manos de unas pocas élites eventualmente condujo a un descontento generalizado y preparó el escenario para la Revolución Mexicana.

La Revolución Mexicana: una lucha por la justicia

La Revolución Mexicana, que estalló en 1910, sigue siendo uno de los períodos más cruciales de la historia de México. Impulsada por el deseo de reforma agraria, derechos de los trabajadores y justicia social, la revolución vio a una diversa gama de líderes, incluidos Francisco Madero, Emiliano Zapata y Pancho Villa, unirse para desafiar al régimen porfiriano. Esta revolución culminó con la redacción de la Constitución de 1917, que sentó las bases para el gobierno mexicano moderno e incorporó reformas sociales y laborales progresistas.

El dominio del Partido Revolucionario Institucional (PRI)

En el período posrevolucionario, el Partido Revolucionario Institucional (PRI) surgió como la fuerza política dominante en México. El PRI gobernó la nación durante más de siete décadas, empleando una combinación de cooptación, populismo y autoritarismo para mantener su control del poder. Sin embargo, la hegemonía del partido eventualmente provocó demandas de mayor pluralismo político y reformas democráticas.

El camino a la democracia: México en el siglo XX

A lo largo del siglo XX, México fue testigo de avances graduales hacia la democratización. En la segunda mitad del siglo, los movimientos de oposición, el malestar social y las presiones internacionales contribuyeron a la apertura del espacio político. La elección presidencial de 1988, en particular, marcó un cambio significativo hacia la competitividad electoral y allanó el camino para la política multipartidista en México.

El panorama histórico de la política mexicana sirve como telón de fondo para comprender el panorama político actual. El legado de las civilizaciones antiguas, la lucha por la independencia, los triunfos y desafíos de la construcción nacional y la búsqueda de la justicia social han contribuido a moldear la identidad política de México. A medida que la nación se acerca al año 2024, este entendimiento histórico prepara el escenario para una exploración más profunda de los desafíos y oportunidades que se avecinan en la era de "El Nuevo Poder" de la política mexicana.

TRANSICIÓN A LA DEMOCRACIA Y PANORAMA POLÍTICO ACTUAL

El amanecer del siglo XXI marcó el comienzo de una nueva era de transformación política en México. Después de décadas de dominio de un solo partido y un gobierno autoritario bajo el Partido Revolucionario Institucional (PRI), el país se embarcó en un camino hacia la democratización. El proceso de transición a la democracia estuvo marcado por desafíos, movimientos sociales y el surgimiento de nuevos actores políticos. Este capítulo profundiza en los momentos cruciales del proceso de democratización de México y explora el panorama político actual que da forma a la nación a medida que se acerca el año 2024.

Vientos de cambio: la transición democrática en México

La elección presidencial de 1988 resultó ser un punto de inflexión en la política mexicana. En medio de denuncias de fraude electoral, surgió un vibrante movimiento de oposición que se unió en torno a Cuauhtémoc Cárdenas del Frente Nacional Democrático. Aunque el PRI reclamó la victoria, la elección encendió llamados a una reforma electoral y una mayor apertura política.

En los años siguientes, México fue testigo de un proceso gradual de liberalización política. La presión de la sociedad civil, los actores internacionales y las facciones internas del PRI contribuyeron a abrir el sistema político. Reformas constitucionales clave en 1996 y 1997 allanaron el camino para elecciones competitivas y la creación del Instituto Federal Electoral (IFE), luego transformado en el Instituto Nacional Electoral (INE), para garantizar la integridad electoral y supervisar el proceso democrático.

El fin del gobierno de partido único: las elecciones presidenciales de 2000

El año 2000 marcó un momento histórico en la política mexicana con las elecciones presidenciales que resultaron en la derrota del PRI. Vicente Fox del Partido Acción Nacional (PAN) salió victorioso, poniendo fin a más de siete décadas de gobierno de un solo partido. La transferencia pacífica del poder a un partido de oposición marcó la consolidación de la transición democrática de México.

Desafíos y Oportunidades de la Era Democrática

A pesar del triunfo de la transición democrática, los desafíos persistieron. Las administraciones posteriores del PAN, seguidas por un regreso al gobierno del PRI bajo Enrique Peña Nieto, enfrentaron problemas como la corrupción, el crimen y las disparidades económicas. Además, las prácticas y estructuras de poder profundamente arraigadas del pasado continuaron influyendo en la política mexicana.

En esta era democrática surgieron nuevos actores políticos. El Movimiento de Regeneración Nacional (MORENA), de tendencia izquierdista, liderado por Andrés Manuel López Obrador (AMLO), cobró impulso como fuerza de cambio. El mensaje populista de AMLO resonó en muchos mexicanos, lo que llevó a su elección como presidente en 2018. Su presidencia representó un cambio sísmico en la política mexicana y generó expectativas de una gobernanza transformadora.

La Presidencia de AMLO: Promesas y Desafíos

Como el primer presidente de izquierda en la historia reciente de México,

AMLO se comprometió a abordar la corrupción, abordar el crimen, reducir las desigualdades sociales y promover el crecimiento económico inclusivo. Su administración buscó priorizar las necesidades de los pobres y marginados, prometiendo una "Cuarta Transformación" de la nación. Sin embargo, los críticos expresaron su preocupación por la concentración de poder, la erosión de los controles y equilibrios y el enfoque del gobierno hacia ciertas políticas, incluidas la energía y la seguridad.

El panorama político en 2024

A medida que México se acerca al año 2024, el panorama político continúa evolucionando. Las elecciones intermedias de 2021 arrojaron resultados mixtos, con MORENA y sus aliados conservando la mayoría en el Congreso, pero perdiendo algo de terreno en estados y municipios clave. Estos resultados reflejan una nación dividida con diversas opiniones políticas y destacan la importancia del diálogo político y la creación de consenso.

El camino hacia 2024 está lleno de desafíos y oportunidades. México enfrenta problemas apremiantes como la corrupción, el crimen, la recuperación económica y el impacto de la pandemia de COVID-19. Además, las preocupaciones sociales y ambientales exigen atención, así como el fortalecimiento de las instituciones democráticas y la salvaguarda de los derechos humanos.

La transición a la democracia en México ha sido un proceso complejo y continuo, que remodeló el panorama político de la nación. A medida que se acerca el año 2024, la visión de "El Nuevo Poder" espera su realización. Este capítulo ofrece una exploración del viaje democrático, desde los desafíos y triunfos del pasado hasta las complejidades y aspiraciones que dan forma al panorama político actual. A medida que México avanza, está en manos de sus ciudadanos, líderes políticos y sociedad civil forjar un camino hacia un futuro más inclusivo, próspero y democrático.

INSTITUCIONES POLÍTICAS Y GOBERNANZA

LA PRESIDENCIA Y EL PODER EJECUTIVO

Al frente de la maquinaria política de México se encuentra la presidencia, que ejerce un inmenso poder ejecutivo y asume importantes responsabilidades. La oficina del presidente juega un papel central en la configuración de las políticas, el gobierno y las relaciones internacionales de la nación. Este capítulo profundiza en la evolución histórica de la presidencia, explora los poderes constitucionales conferidos al cargo y examina el papel del presidente en el panorama político contemporáneo a medida que México se acerca al año 2024.

La evolución de la presidencia mexicana

Las raíces de la presidencia mexicana se remontan a la lucha del país por la independencia y el establecimiento de su primer gobierno republicano. Los primeros presidentes, como Guadalupe Victoria y Vicente Guerrero, se enfrentaron a los desafíos de construir una nación y forjar una identidad unificada después de años de dominio colonial.

El siglo XIX vio una serie de líderes fuertes que dieron forma al panorama político de México, desde los esfuerzos de Benito Juárez por modernizar la nación hasta el gobierno duradero de Porfirio Díaz. La Revolución Mexicana marcó un punto de inflexión significativo, que condujo a reformas constitucionales que buscaban frenar el poder ejecutivo y sentar las bases para un sistema más inclusivo y democrático.

La presidencia mexicana en el siglo XX

En el período posrevolucionario, la presidencia asumió un papel destacado en la política mexicana, con una tradición de gobierno del partido dominante por parte del Partido Revolucionario Institucional (PRI). Los presidentes de esta época, como Lázaro Cárdenas y Luis Echeverría, desempeñaron un papel fundamental en el avance de las reformas sociales y económicas. Sin embargo, la concentración de poder y control bajo el PRI también generó preocupaciones sobre la rendición de cuentas y la gobernabilidad democrática.

La transición a la política multipartidista a fines del siglo XX trajo mayor pluralismo, competencia y control del poder ejecutivo. Presidentes de partidos de oposición, como Vicente Fox y Felipe Calderón del Partido Acción Nacional (PAN), buscaron diversificar el panorama político, enfatizando la liberalización económica y la seguridad.

La presidencia de AMLO: un nuevo capítulo

En 2018, Andrés Manuel López Obrador (AMLO) fue elegido presidente de México, lo que marcó un cambio significativo en el panorama político del país. Como el primer presidente de izquierda en la historia reciente de México, la presidencia de AMLO representa un alejamiento de las administraciones anteriores. Prometió un cambio transformador, enfatizando la justicia social, las medidas anticorrupción y las políticas económicas destinadas a abordar las desigualdades.

La administración de AMLO ha adoptado un enfoque más intervencionista, afirmando el control estatal sobre sectores clave, como la energía y la educación, al tiempo que aboga por la disciplina fiscal y la reducción de las ineficiencias burocráticas. Sin embargo, su presidencia se ha enfrentado a críticas de algunos sectores por las preocupaciones sobre la centralización del poder, el desprecio por los controles y equilibrios institucionales y las decisiones políticas que han generado incertidumbre entre los inversores.

Los poderes constitucionales del presidente

La Constitución Mexicana otorga al presidente amplios poderes ejecutivos. El presidente sirve como jefe de estado y de gobierno, responsable de formular y ejecutar las políticas nacionales. El titular del cargo tiene la autoridad para nombrar y destituir a los miembros del gabinete, dar forma a la política exterior, proponer leyes y emitir decretos ejecutivos. Además, el presidente es el comandante en jefe de las fuerzas armadas, encargado de velar por la seguridad nacional y proteger la integridad territorial de México.

Retos y oportunidades

A medida que México se acerca al año 2024, la presidencia enfrenta una serie de desafíos y oportunidades. Problemas como la corrupción, el crimen, la recuperación económica, la desigualdad social y la sustentabilidad ambiental exigen un liderazgo efectivo y soluciones políticas. Equilibrar la necesidad de una fuerte acción ejecutiva con el respeto por los principios democráticos y el estado de derecho sigue siendo una tarea delicada para el presidente.

La presidencia mexicana es un pilar clave del sistema político de la nación y ejerce una influencia significativa sobre las políticas y la gobernabilidad. Desde su evolución histórica hasta los poderes conferidos al cargo, este capítulo ha brindado una descripción general del papel de la presidencia en la conformación del panorama político de México. A medida que se desarrolla la era del "Nuevo Poder" en México, el ejercicio del poder ejecutivo por parte de la presidencia será fundamental para sortear los desafíos y dar forma a la trayectoria futura de la nación.

ROL DEL PRESIDENTE EN LA POLÍTICA MEXICANA

La presidencia ocupa una posición central en la política mexicana, sirviendo como punto de apoyo del poder ejecutivo y el liderazgo nacional. A medida que México se acerca al año 2024, el papel del presidente continúa siendo un punto focal de atención y debate público. Este capítulo profundiza en el papel multifacético del presidente, examinando sus poderes, responsabilidades e influencia en la formulación de políticas, la gobernabilidad y el desarrollo nacional. Además, exploramos los desafíos y oportunidades que enfrenta el presidente en un panorama político dinámico caracterizado por demandas de cambio transformador y gobernanza inclusiva.

Jefe de Estado y Símbolo de la Unidad

El presidente de México no es solo el jefe del ejecutivo sino también el jefe de estado, personificando la unidad e identidad de la nación. El presidente representa al país tanto a nivel nacional como internacional, entablando relaciones diplomáticas con naciones extranjeras y proyectando la imagen de México en el escenario mundial. Las funciones ceremoniales, las visitas de estado y los eventos nacionales son parte del papel del presidente como una figura unificadora, que reúne a diversos segmentos de la sociedad mexicana bajo una bandera común.

Director Ejecutivo y Formulador de Políticas

Como jefe ejecutivo, el presidente ejerce importantes poderes en la formulación e implementación de políticas nacionales. Son responsables de establecer la agenda y las prioridades del gobierno, dar forma a la dirección del desarrollo del país y abordar los desafíos apremiantes. El presidente supervisa los ministerios y agencias gubernamentales, nombra a los miembros del gabinete y desempeña un papel crucial en la elaboración de leyes y órdenes ejecutivas que tienen implicaciones de gran alcance para la nación.

Comandante en Jefe de las Fuerzas Armadas

Uno de los roles más cruciales del presidente es servir como comandante en jefe de las fuerzas armadas mexicanas. El presidente está encargado de salvaguardar la seguridad y la integridad territorial de la nación. Deben tomar decisiones críticas relacionadas con la defensa nacional, combatir las amenazas internas y externas y mantener la soberanía del país. El papel del presidente como comandante en jefe requiere un delicado equilibrio entre los imperativos de seguridad y el respeto por los derechos humanos y el estado de derecho.

Política Exterior y Relaciones Internacionales

El presidente juega un papel de liderazgo en la configuración de la política exterior de México y en su compromiso con la comunidad internacional. La construcción de alianzas diplomáticas, el fomento de asociaciones económicas y la promoción de los intereses mexicanos a nivel mundial son componentes integrales de las responsabilidades del presidente. Los asuntos internacionales clave, como los acuerdos comerciales, la inmigración y el cambio climático, requieren perspicacia diplomática y toma de decisiones estratégicas por parte del presidente.

Liderazgo en tiempos de crisis e incertidumbre

En tiempos de crisis, el liderazgo del presidente está bajo un intenso escrutinio. Los desastres naturales, las recesiones económicas y las emergencias sanitarias exigen respuestas rápidas y eficaces por parte del gobierno. La capacidad del presidente para unir a la nación, demostrar empatía y ofrecer soluciones coherentes puede influir significativamente en las percepciones públicas y la unidad nacional frente a la adversidad.

Retos y oportunidades

El papel del presidente en la política mexicana viene con una buena cantidad de desafíos y oportunidades. Lograr un equilibrio entre la autoridad ejecutiva y el respeto por los principios democráticos es una tarea delicada. La concentración de poder en la presidencia puede generar preocupaciones sobre la rendición de cuentas y los controles de las acciones ejecutivas. Además, el panorama político a menudo requiere que el presidente navegue a través de una amplia gama de grupos de interés, partidos políticos y demandas sociales.

Además, el presidente debe enfrentar varios desafíos políticos, como combatir la corrupción, abordar las desigualdades sociales, promover el crecimiento económico y garantizar el desarrollo sostenible. Participar en un diálogo significativo con las partes interesadas, incluidas las organizaciones de la sociedad civil y el sector privado, es esencial para una gobernanza inclusiva y resultados de políticas eficaces.

El papel del presidente en la política mexicana es multidimensional y dinámico, y abarca responsabilidades como jefe de estado, jefe ejecutivo y comandante en jefe. Mientras México se encuentra en la cúspide de la era "El Nuevo Poder" en 2024, el liderazgo del presidente desempeñará un papel fundamental en la configuración de la trayectoria de la nación. La gobernabilidad efectiva, la toma de decisiones prudente y un compromiso inquebrantable con los principios democráticos serán cruciales para enfrentar los desafíos y desbloquear el vasto potencial del futuro de México.

ANÁLISIS DE LA ACTUAL ADMINISTRACIÓN PRESIDENCIAL

A medida que México se acerca al año 2024, la nación se encuentra bajo el liderazgo de Andrés Manuel López Obrador (AMLO), quien asumió el cargo de presidente en 2018. La presidencia de AMLO representa un alejamiento significativo de las administraciones anteriores, ya que dirige el país con una visión de cambio transformador y justicia social. Este capítulo proporciona un análisis profundo de la actual administración presidencial, examinando sus políticas clave, logros, desafíos y el impacto de su gobernabilidad en el panorama político y social de México.

La visión de AMLO para "La Cuarta Transformación"

Desde el principio, la administración de AMLO se comprometió a lograr una "Cuarta Transformación" de México, una referencia a tres períodos transformadores anteriores en la historia del país: la Guerra de Independencia, las Leyes de Reforma y la Revolución Mexicana. La visión de AMLO gira en torno a combatir la corrupción, abordar las desigualdades sociales, promover la autosuficiencia nacional y priorizar las necesidades de los pobres y marginados.

Programas de Bienestar Social y Lucha contra la Pobreza

Un sello distintivo de la presidencia de AMLO ha sido el énfasis en los programas de bienestar social. Iniciativas como " Sembrando Vida" brindan apoyo financiero y capacitación a agricultores rurales, mientras que " Jóvenes Construyendo el Futuro" tiene como objetivo empoderar a los jóvenes brindándoles educación y oportunidades laborales. Si bien estos programas han sido elogiados por su potencial para aliviar la pobreza, los críticos han expresado su preocupación sobre la sostenibilidad a largo plazo y el riesgo de crear dependencia. sobre el apoyo del gobierno.

Proyectos de Infraestructura y Desarrollo

La administración de AMLO ha puesto un énfasis significativo en el desarrollo de infraestructura, con el objetivo de impulsar el crecimiento económico y la conectividad regional. Proyectos como el Tren Maya y la refinería de petróleo Dos Bocas han sido prioridades clave. Los defensores argumentan que estos proyectos estimularán la economía y crearán puestos de trabajo, especialmente en las regiones subdesarrolladas. Sin embargo, los críticos plantean preocupaciones sobre la sostenibilidad ambiental y financiera y cuestionan los beneficios a largo plazo de estas iniciativas.

Seguridad y Crimen

Abordar el tema del crimen y la violencia sigue siendo un desafío importante para la administración actual. A pesar de los esfuerzos por establecer a la Guardia Nacional como un pilar central de la estrategia de seguridad, México continúa lidiando con la violencia relacionada con las drogas, el crimen organizado y los abusos a los derechos humanos. La postura del presidente sobre el despliegue de militares para tareas de seguridad pública ha suscitado un debate sobre el equilibrio entre los imperativos de seguridad y el respeto por los derechos humanos.

Política Energética y Soberanía

La política energética ha sido un tema polémico bajo la administración de AMLO. Ha buscado fortalecer el control estatal sobre el sector energético, particularmente apoyando a la empresa petrolera estatal, Pemex. Esto ha incluido limitar la participación del sector privado y revertir reformas energéticas anteriores. Mientras que algunos ven esto como un movimiento hacia la soberanía energética y la protección de los recursos nacionales, otros argumentan que obstaculiza la inversión y la innovación en el sector.

Relación con los medios y la crítica

La relación combativa del presidente con los medios y la crítica ha sido un tema recurrente durante su mandato. AMLO ha desestimado con frecuencia los informes críticos como "noticias falsas" y ha optado por la comunicación directa con el público a través de conferencias de prensa diarias. Este enfoque ha suscitado preocupaciones sobre la libertad de los medios y el papel del periodismo independiente en hacer que el gobierno rinda cuentas.

La actual administración presidencial de Andrés Manuel López Obrador ha aportado una visión distinta de cambio y bienestar social al panorama político de México. Con énfasis en abordar las desigualdades sociales, combatir la corrupción y promover la soberanía nacional, la presidencia de AMLO ha generado un apoyo y una oposición apasionados. A medida que México se acerca al año 2024, el impacto de las políticas y la gobernabilidad de la administración en el desarrollo y la dirección política de la nación seguirán dando forma al curso de la era del "Nuevo Poder" en México. Los continuos desafíos y oportunidades que enfrenta la administración influirán en la narrativa del futuro de México y la búsqueda de sus metas transformadoras.

EL CONGRESO Y EL PROCESO LEGISLATIVO

En el sistema democrático de México, el Congreso juega un papel vital como la rama legislativa del gobierno. Compuesto por la Cámara de Diputados y el Senado, el Congreso tiene el poder de promulgar leyes, supervisar el poder ejecutivo y representar los diversos intereses del pueblo mexicano. A medida que se acerca la era de "El Nuevo Poder" en 2024, el funcionamiento y la dinámica del Congreso se vuelven primordiales para dar forma a las políticas y la gobernanza de la nación. Este capítulo profundiza en la estructura, las funciones y la importancia del Congreso en la política mexicana, así como su papel en el impulso de las iniciativas legislativas y la garantía de la rendición de cuentas democrática.

La Estructura del Congreso Mexicano

El Congreso mexicano consta de dos cámaras: la Cámara de Diputados y el Senado. La Cámara de Diputados está integrada por 500 miembros elegidos mediante un sistema mixto de distritos uninominales y representación proporcional. El Senado, por su parte, está integrado por 128 miembros, dos por cada estado y el Distrito Federal (ahora Ciudad de México), elegidos por períodos de seis años. El aspecto de representación proporcional asegura un grado de pluralismo, permitiendo la representación de múltiples partidos políticos y diversos puntos de vista.

Funciones y poderes del Congreso

El Congreso tiene varias funciones y poderes esenciales en el sistema político de México. Su función principal es legislar, debatir y aprobar las leyes que rigen el país. Esto incluye leyes relacionadas con la economía, la educación, la seguridad, el bienestar social y más. El Congreso también ejerce la supervisión del poder ejecutivo, examinando las acciones del presidente, la asignación presupuestaria y las decisiones administrativas.

Además, el Congreso tiene la facultad de aprobar los tratados y acuerdos internacionales negociados por el poder ejecutivo, asegurando que se alineen con los intereses nacionales de México. Además, la Constitución otorga al Congreso la facultad de reformar la ley fundamental, aunque algunas reformas requieren la aprobación de la mayoría de las legislaturas estatales.

El Proceso Legislativo

El proceso legislativo en México involucra múltiples etapas. Un proyecto de ley puede originarse en cualquiera de las cámaras y pasa por varias lecturas, discusiones de comité y debates antes de convertirse en ley. En el caso de reformas significativas, ambas cámaras deben aprobar el proyecto de ley antes de enviarlo al presidente para su promulgación.

Los comités desempeñan un papel crucial en el examen de la legislación propuesta, la realización de análisis en profundidad y la formulación de recomendaciones para enmiendas. A veces se realizan consultas públicas y testimonios de expertos para recopilar aportes de la sociedad civil y las partes interesadas.

El papel de los partidos políticos

Los partidos políticos juegan un papel central en el Congreso, ya que su representación da forma al panorama legislativo. El partido mayoritario tiene una influencia significativa, a menudo determinando qué proyectos de ley se priorizan y la dirección de la agenda legislativa. La formación de coaliciones es común en la política mexicana, con partidos que forman alianzas para lograr sus objetivos políticos.

Retos y oportunidades

El Congreso enfrenta varios desafíos para cumplir con sus funciones de manera efectiva. La disciplina partidaria y la polarización política a veces pueden obstaculizar el debate constructivo y la creación de consenso. Además, garantizar una gobernanza transparente y responsable sigue siendo un desafío constante.

Sin embargo, el Congreso también presenta oportunidades para cambios y progresos significativos. A medida que convergen diversas voces de diferentes partidos políticos y antecedentes, el potencial para la formulación de políticas inclusivas y la representación de diversos intereses es significativo. El papel de la sociedad civil al comprometerse con el Congreso, expresar inquietudes y abogar por cuestiones políticas específicas puede fomentar una mayor responsabilidad y capacidad de respuesta de los legisladores.

El Congreso Mexicano se erige como una institución vital en la gobernabilidad democrática de la nación, representando los intereses del pueblo y configurando el marco legal que rige al país. A medida que México avanza hacia la era del "Nuevo Poder" en 2024, el Congreso seguirá desempeñando un papel fundamental en la formulación de políticas y la garantía de controles y equilibrios dentro del sistema político. Al fomentar el diálogo, la cooperación y la toma de decisiones inclusiva, el Congreso puede defender los valores democráticos y contribuir al avance de la nación en los años venideros.

ESTRUCTURA Y FUNCIONES DEL CONGRESO MEXICANO

En el panorama político mexicano, el Congreso se erige como una institución fundamental, que encarna los principios democráticos de representación, legislación y control. Compuesto por la Cámara de Diputados y el Senado, el Congreso mexicano juega un papel central en la configuración de las leyes, políticas y gobierno de la nación. Este capítulo profundiza en la estructura, funciones y significado del Congreso mexicano, destacando su papel en el impulso de iniciativas legislativas y asegurando la rendición de cuentas democrática en la era del "Nuevo Poder" de México.

La Legislatura Bicameral

El Congreso mexicano opera bajo un sistema bicameral, que consta de dos cámaras: la Cámara de Diputados y el Senado. Esta configuración asegura un equilibrio de representación y permite un escrutinio legislativo más completo. Si bien ambas cámaras participan en el proceso legislativo, tienen roles y funciones distintas.

La Cámara de Diputados

La Cámara de Diputados es la cámara baja del Congreso, compuesta por 500 miembros, o diputados, que representan distritos uninominales y son elegidos por períodos de tres años. El tamaño de la Cámara permite una representación proporcional de la población, dando voz a diversas regiones y circunscripciones de todo México.

El Senado

El Senado, como cámara alta, está integrado por 128 miembros, dos por cada estado y el Distrito Federal (hoy Ciudad de México). Los senadores cumplen mandatos de seis años, con la mitad de los escaños disponibles para elección cada tres años. Este sistema electoral escalonado ayuda a mantener la continuidad y asegura que el Senado no esté sujeto a cambios repentinos en el poder político.

Funciones y atribuciones del congreso mexicano

El Congreso Mexicano tiene varias funciones clave y poderes esenciales para el funcionamiento del sistema democrático del país:

Legislación : El Congreso es responsable de proponer, debatir y aprobar leyes que rigen diversos aspectos de la sociedad mexicana, incluidas las políticas económicas, el bienestar social, la educación, la seguridad y más. Los proyectos de ley propuestos pueden originarse en cualquier cámara y deben pasar por múltiples lecturas y revisiones del comité antes de convertirse en ley.

Supervisión : el Congreso desempeña un papel crucial en la supervisión de las acciones del poder ejecutivo, incluido el presidente y los miembros del gabinete. Esta función de supervisión implica examinar las políticas gubernamentales, la asignación presupuestaria y las decisiones administrativas para garantizar la rendición de cuentas y la transparencia.

Autoridad Presupuestaria: El Congreso tiene el poder de la bolsa, con la autoridad para aprobar el presupuesto federal propuesto por el poder ejecutivo. Esto incluye determinar asignaciones para varios programas gubernamentales e iniciativas públicas.

Ratificación de Tratados Internacionales : El Senado tiene la responsabilidad de aprobar o rechazar los tratados y acuerdos internacionales negociados por el poder ejecutivo. Esto asegura que la política exterior de México se alinee con sus intereses y valores nacionales.

Enmiendas Constitucionales : El Congreso tiene la autoridad para enmendar la Constitución, aunque algunas enmiendas requieren la aprobación de la mayoría de las legislaturas estatales. Las reformas constitucionales son significativas ya que dan forma a los principios fundamentales y la estructura del gobierno mexicano.

El Proceso Legislativo

El proceso legislativo en el Congreso mexicano involucra múltiples etapas, promoviendo la deliberación profunda y la participación pública. Un proyecto de ley propuesto puede originarse en cualquiera de las cámaras y pasa por lecturas, discusiones de comité y debates. Ocasionalmente se llevan a cabo consultas públicas y testimonios de expertos para recopilar aportes de la sociedad civil y las partes interesadas.

Dinámica de partidos y formación de coaliciones

Los partidos políticos juegan un papel crucial en el Congreso, y el partido mayoritario a menudo determina la agenda y las prioridades legislativas. En el panorama político mexicano, la formación de coaliciones es común, ya que los partidos forman alianzas para promover sus objetivos políticos y asegurar el apoyo a la legislación.

El Congreso mexicano, con su estructura bicameral y variedad de funciones, juega un papel central en la configuración de las leyes y políticas de la nación. A medida que México avanza hacia la era de "El Nuevo Poder" en 2024, el Congreso seguirá siendo una institución vital, representando los diversos intereses del pueblo mexicano y asegurando la gobernabilidad democrática y la rendición de cuentas. Al fomentar el diálogo, la cooperación y la toma de decisiones inclusiva, el Congreso puede contribuir al avance de la nación y abordar los desafíos y oportunidades de un panorama político que cambia rápidamente.

INICIATIVAS Y DESAFÍOS LEGISLATIVOS CLAVE

A medida que México se aventura en la era del "Nuevo Poder" en 2024, el Congreso mexicano enfrenta una gran cantidad de iniciativas legislativas y desafíos que darán forma al panorama político y la gobernabilidad de la nación. Este capítulo explora algunas de las prioridades legislativas clave que el Congreso probablemente abordará en los próximos años. También destaca los desafíos que enfrentarán los legisladores para promover estas iniciativas al tiempo que garantizan la inclusión, la transparencia y la capacidad de respuesta a las diversas necesidades del pueblo mexicano.

Recuperación económica y crecimiento

Uno de los principales objetivos del Congreso mexicano será promulgar legislación destinada a fomentar la recuperación económica y el crecimiento sostenible. Las medidas para atraer inversiones extranjeras, estimular las industrias nacionales y crear oportunidades laborales serán fundamentales para abordar los impactos económicos de la pandemia de COVID-19 y promover el desarrollo de la nación.

Bienestar Social y Alivio de la Pobreza

De acuerdo con la visión de "La Cuarta Transformación", el Congreso seguirá centrándose en los programas de bienestar social destinados a reducir la pobreza y la desigualdad. Mejorar el acceso a la educación, la atención médica y la vivienda asequible serán componentes críticos de la agenda legislativa para mejorar los segmentos más vulnerables de la sociedad.

Seguridad y Crimen

El Congreso enfrentará el desafío de mejorar las medidas de seguridad para combatir el crimen organizado y la violencia de manera efectiva. La legislación destinada a reforzar la aplicación de la ley, mejorar la recopilación de inteligencia y abordar las causas profundas del delito será crucial para garantizar la seguridad de los ciudadanos y el estado de derecho.

Sostenibilidad del medio ambiente

Abordar los desafíos ambientales será una prioridad legislativa apremiante. El Congreso debe diseñar políticas para mitigar el cambio climático, preservar los recursos naturales y promover el desarrollo sostenible. La legislación que apoye las iniciativas de energía limpia y el uso responsable de la tierra será fundamental para salvaguardar el medio ambiente de México para las generaciones futuras.

La reforma de salud

La pandemia ha subrayado la importancia de un sistema de salud sólido y accesible. El Congreso explorará reformas de atención médica para fortalecer la infraestructura de salud pública, ampliar la cobertura y garantizar que los servicios de atención médica lleguen a todos los rincones de la nación.

Política Energética y Soberanía

La política energética seguirá siendo un tema controvertido en el Congreso mexicano. Lograr un equilibrio entre la soberanía energética y atraer inversión privada será un desafío clave. Abordar las preocupaciones relacionadas con la estabilidad financiera de Pemex y promover las fuentes de energía renovable será central en el debate legislativo.

Reformas políticas y electorales

Avanzar en las reformas políticas y electorales será fundamental para fortalecer las instituciones democráticas y garantizar elecciones libres y justas. El Congreso puede considerar iniciativas para mejorar la transparencia del financiamiento de campañas, promover la participación de los votantes y fomentar la igualdad de condiciones para los partidos políticos.

Derechos humanos y justicia social

La promoción de los derechos humanos y la justicia social será un aspecto fundamental de la agenda legislativa. Abordar temas como la igualdad de género, los derechos LGBTQ+ y los derechos indígenas requerirá una legislación integral que garantice la igualdad de protección y oportunidades para todos.

Desafíos

Al abordar estas iniciativas legislativas, el Congreso mexicano enfrentará varios desafíos:

Polarización política : la polarización política puede dificultar el diálogo constructivo y el compromiso, lo que dificulta la creación de consenso en torno a temas críticos.

Restricciones fiscales : la implementación de políticas ambiciosas requerirá abordar las restricciones fiscales y equilibrar el gasto social con un crecimiento económico sostenible.

Participación pública : garantizar una participación pública significativa en el proceso legislativo e incorporar diversas perspectivas será esencial para una gobernanza inclusiva.

Cabildeo y grupos de interés: El manejo de la influencia de los grupos de interés y los esfuerzos de cabildeo sobre las decisiones legislativas serán cruciales para preservar la integridad del proceso democrático.

El Congreso Mexicano estará a la vanguardia en la configuración de la trayectoria de México en la era del "Nuevo Poder". Al abordar iniciativas legislativas clave y abordar los desafíos de frente, los legisladores tienen la oportunidad de impulsar un cambio transformador, fomentar el desarrollo sostenible y garantizar el bienestar de todos los ciudadanos. La defensa de los principios democráticos, la transparencia y la rendición de cuentas será primordial a medida que el Congreso navegue por las complejidades de la política mexicana para promover las aspiraciones y aspiraciones de la nación.

EL PODER JUDICIAL Y EL ESTADO DE DERECHO

En cualquier sociedad democrática, el poder judicial desempeña un papel fundamental en la defensa del estado de derecho y la salvaguardia de los principios de justicia y equidad. A medida que México se acerca a la era del "Nuevo Poder" en 2024, la independencia y la eficacia del poder judicial se vuelven aún más cruciales para garantizar la estabilidad democrática y proteger los derechos y libertades de sus ciudadanos. Este capítulo profundiza en la estructura y funciones del poder judicial mexicano, los desafíos que enfrenta y su importancia en la promoción del estado de derecho y el fomento de una sociedad justa y equitativa.

La Estructura del Poder Judicial Mexicano

El poder judicial mexicano está organizado en una estructura jerárquica que abarca los niveles federal y estatal. A nivel federal, el poder judicial está compuesto por la Suprema Corte de Justicia de la Nación (Suprema Corte de Justicia de la Nación) y varios juzgados de circuito y de distrito. Los poderes judiciales a nivel estatal son responsables de administrar justicia dentro de sus respectivos estados.

La Suprema Corte de Justicia de la Nación

La Corte Suprema de Justicia es la máxima autoridad judicial en México. Está compuesto por once jueces, conocidos como ministros, que son designados por el presidente y confirmados por el Senado. La Corte tiene la facultad de interpretar la Constitución, resolver conflictos entre las entidades federativas y los estados, y asegurar la uniformidad en la aplicación de la ley en todo el país.

Funciones del Poder Judicial de México

La función principal del poder judicial es interpretar y aplicar la ley de manera justa e imparcial. Su papel se extiende más allá de la resolución de disputas; también sirve como control de los poderes ejecutivo y legislativo, asegurando que sus acciones se alineen con los principios constitucionales y respeten los derechos humanos.

El poder judicial mexicano es responsable de adjudicar casos civiles y penales, incluidos los relacionados con asuntos constitucionales, contencioso administrativo y asuntos electorales. Sus decisiones sientan precedentes legales y establecen la jurisprudencia que guía el marco legal del país.

La Independencia del Poder Judicial

La independencia judicial es fundamental para la eficacia del poder judicial y su capacidad para actuar como control de otras ramas del gobierno. Un poder judicial independiente está libre de influencias externas y presiones políticas, lo que le permite tomar decisiones imparciales basadas en la ley y las pruebas presentadas ante los tribunales.

El estado de derecho y su importancia

El estado de derecho es la piedra angular de cualquier sociedad democrática, ya que garantiza que las leyes se apliquen por igual a todos los individuos e instituciones, independientemente de su estatus o poder. La defensa del estado de derecho garantiza la protección de los derechos humanos, el debido proceso y un sistema legal equitativo y equitativo.

Desafíos al Poder Judicial

A pesar de su papel crucial, el poder judicial mexicano enfrenta varios desafíos:

Corrupción: La corrupción sigue siendo una preocupación importante dentro del sistema judicial, con algunos jueces y funcionarios judiciales susceptibles a influencias externas o sobornos. Abordar la corrupción es esencial para restaurar la confianza pública en el poder judicial.

Casos atrasados: El poder judicial se enfrenta a casos atrasados, lo que genera demoras en la administración de justicia. La implementación de medidas para acelerar los procedimientos y mejorar la eficiencia de los tribunales es vital.

Preocupaciones de seguridad: Los jueces, abogados y testigos enfrentan amenazas de seguridad, particularmente en áreas afectadas por el crimen organizado. Garantizar la seguridad de las personas involucradas en los procedimientos judiciales es esencial para que prevalezca el estado de derecho.

Acceso a la justicia: Garantizar el acceso equitativo a la justicia para todos los ciudadanos, independientemente de su origen socioeconómico, es un desafío. La promoción de los servicios de asistencia jurídica y la mejora de la accesibilidad judicial pueden ayudar a abordar este problema.

En la búsqueda de "El Nuevo Poder" en México, un poder judicial fuerte, independiente y eficaz es de suma importancia. Defender el estado de derecho y garantizar la igualdad de acceso a la justicia será fundamental para promover la estabilidad democrática, proteger los derechos humanos y fomentar una sociedad justa y equitativa. Al abordar los desafíos que enfrenta el poder judicial y defender los principios de equidad e imparcialidad, México puede fortalecer sus instituciones legales y sentar las bases para un futuro más próspero e inclusivo.

LA INDEPENDENCIA DEL PODER JUDICIAL Y SU IMPORTANCIA

En cualquier sociedad democrática, la independencia del poder judicial es una piedra angular del estado de derecho y un pilar fundamental de un sistema legal justo y equitativo. A medida que México se acerca a la era del "Nuevo Poder" en 2024, comprender y defender la independencia del poder judicial se vuelve fundamental para salvaguardar los principios democráticos, proteger los derechos humanos y garantizar el funcionamiento efectivo de las instituciones legales del país. Este capítulo explora la importancia de un poder judicial independiente, los desafíos que enfrenta y el impacto de la independencia judicial en el panorama político y social de México.

El concepto de independencia judicial

La independencia judicial se refiere al principio de que el poder judicial opera libre de influencias o interferencias indebidas de actores externos , como los poderes ejecutivo o legislativo del gobierno, intereses privados o presiones políticas. Permite a los jueces tomar decisiones imparciales basadas únicamente en la ley y las pruebas presentadas ante el tribunal.

La importancia de un poder judicial independiente

Un poder judicial independiente es vital por varias razones:

Estado de derecho : la independencia judicial defiende el estado de derecho, asegurando que las leyes se apliquen de manera uniforme e igualitaria a todas las personas e instituciones. Previene el ejercicio arbitrario del poder y garantiza la seguridad jurídica y la previsibilidad.

Protección de los derechos humanos: un poder judicial independiente actúa como salvaguarda contra las violaciones de los derechos humanos. Puede responsabilizar a las autoridades gubernamentales por los abusos y proteger los derechos y libertades de las personas, en particular de las poblaciones vulnerables y marginadas.

Controles y contrapesos: un poder judicial independiente actúa como control de los poderes ejecutivo y legislativo, asegurando que sus acciones se ajusten a la Constitución y respeten la división de poderes.

Adjudicación imparcial: la independencia de los jueces les permite decidir casos sobre la base de los méritos y la ley, libres de prejuicios personales, presiones políticas o influencias externas. Esto asegura un proceso legal justo y equitativo.

Confianza pública: un poder judicial independiente inspira confianza pública en el sistema legal. Cuando las personas creen que los jueces son justos e imparciales, es más probable que respeten y cumplan la ley.

Desarrollo económico: Un poder judicial estable e independiente es esencial para atraer inversiones extranjeras y promover el crecimiento económico. Los inversores necesitan confianza en que sus derechos estarán protegidos por la ley.

Desafíos a la Independencia Judicial

Si bien la independencia judicial es crucial, enfrenta varios desafíos:

Interferencia política: La presión política de los poderes ejecutivo o legislativo puede socavar la independencia judicial y comprometer la imparcialidad de los jueces.

Corrupción: La corrupción dentro del poder judicial puede erosionar la confianza del público en el sistema legal. Es esencial abordar y erradicar la corrupción para garantizar un poder judicial independiente.

Recursos insuficientes: la financiación y los recursos inadecuados pueden obstaculizar la capacidad del poder judicial para funcionar de manera efectiva, lo que genera demoras en los procedimientos legales.

Preocupaciones de seguridad: los jueces y el personal de los tribunales pueden enfrentar amenazas de seguridad, particularmente en regiones afectadas por el crimen organizado o la violencia política.

Promoción de la independencia judicial

Para promover y defender la independencia judicial, se pueden tomar varias medidas:

Seguridad en el cargo: Garantizar que los jueces tengan seguridad en el cargo y protección contra la destitución arbitraria los salvaguarda de la interferencia política.

Proceso de selección transparente : La implementación de un proceso transparente y basado en el mérito para la designación de jueces puede mejorar la percepción de equidad e imparcialidad.

Financiamiento adecuado: Proporcionar suficientes recursos y financiamiento al poder judicial es esencial para su funcionamiento efectivo.

Capacitación judicial: el desarrollo profesional continuo y la capacitación de los jueces pueden mejorar sus habilidades y conocimientos, lo que lleva a una mejor toma de decisiones.

Un poder judicial independiente es la base de una democracia fuerte y próspera. Mientras México se aventura en la era de "El Nuevo Poder" en 2024, la promoción y protección de la independencia judicial será esencial para defender el estado de derecho, proteger los derechos humanos y fomentar la confianza pública en el sistema legal. Al abordar los desafíos y garantizar un poder judicial imparcial e independiente, México puede allanar el camino hacia un futuro más justo, equitativo y próspero para todos sus ciudadanos.

CASOS LEGALES EMBLEMÁTICOS QUE DAN FORMA A LA POLÍTICA Y LA SOCIEDAD

A lo largo de la historia de México, ciertos casos legales emblemáticos han jugado un papel fundamental en la configuración de la política y la sociedad de la nación. Estos casos han tenido implicaciones de largo alcance, influyendo en el discurso público, la toma de decisiones políticas y la protección de los derechos humanos. A medida que se acerca la era de "El Nuevo Poder" en 2024, comprender la importancia de estos casos legales históricos se vuelve crucial para comprender el camino de México hacia la democracia, la justicia y el progreso social. Este capítulo explora algunos de los casos legales más influyentes que han dejado un impacto duradero en el panorama político y social de México.

Marbury contra Madison (1824)

Aunque no es un caso mexicano, el fallo de la Corte Suprema de los Estados Unidos en Marbury v. Madison influyó profundamente en el pensamiento legal y político de México. El principio de revisión judicial, establecido en este caso, permitía a los tribunales revisar la constitucionalidad de las acciones legislativas y ejecutivas. Este concepto más tarde encontró su camino en el sistema legal de México, influyendo en el desarrollo de la independencia judicial y el constitucionalismo.

La Ley Lerdo (1856)

La Ley Lerdo fue una iniciativa legal histórica que tuvo como objetivo abordar la reforma agraria en México. Pretendía expropiar la propiedad de la Iglesia Católica y de las comunidades indígenas, redistribuyendo la tierra a los campesinos. Si bien la ley contribuyó a la secularización y la redistribución de la tierra, también enfrentó una importante oposición y provocó tensiones entre la Iglesia y el gobierno.

La Ley de Juárez (1855-1857)

Nombrada en honor al presidente Benito Juárez, la Ley de Juárez tenía como objetivo separar la iglesia y el estado, nacionalizar las propiedades de la iglesia y limitar la influencia de la iglesia en la política. Impactó significativamente el panorama político de México, consagrando el laicismo como un principio fundamental en la Constitución del país.

El Amparo (Auto de Amparo)

El amparo es un recurso constitucional que protege los derechos constitucionales de las personas contra violaciones por parte de las autoridades. Ha sido fundamental para salvaguardar los derechos humanos y hacer que las acciones gubernamentales rindan cuentas. El Amparo ha jugado un papel crucial en la protección de las libertades, desafiando las prácticas estatales abusivas y promoviendo la justicia en México.

Sufragio femenino (1953)

El reconocimiento legal del derecho al voto de las mujeres en las elecciones municipales de 1953 marcó un paso significativo hacia la igualdad de género en México. Posteriormente, en 1958, las mujeres obtuvieron el derecho al voto en las elecciones federales. Estos casos emblemáticos ampliaron la representación política de las mujeres, empoderándolas para participar en el proceso democrático.

Caso de los derechos indígenas de los zapatistas (1994)

El levantamiento zapatista de 1994 puso el tema de los derechos indígenas al frente de la agenda política de México. El caso de los zapatistas puso de relieve la marginación histórica y la falta de representación política que enfrentan las comunidades indígenas. El movimiento influyó en las discusiones sobre la autonomía, los derechos territoriales y el reconocimiento cultural de las poblaciones indígenas.

Derechos LGBT y matrimonio entre personas del mismo sexo (2015)

En 2015, la Corte Suprema de Justicia de México dictaminó que las prohibiciones estatales sobre el matrimonio entre personas del mismo sexo eran inconstitucionales. El caso histórico abrió la puerta al matrimonio igualitario en todo México, otorgando igualdad de derechos y reconocimiento a las parejas del mismo sexo.

Caso Ayotzinapa (2014)

La desaparición de 43 estudiantes del Colegio Rural de Maestros de Ayotzinapa en 2014 provocó indignación nacional y atención internacional. El caso arrojó luz sobre problemas de corrupción, violencia e impunidad en México, lo que generó demandas generalizadas de justicia y rendición de cuentas.

Los casos legales emblemáticos han dejado una marca indeleble en la política y la sociedad de México, dando forma a la trayectoria de la nación hacia la democracia, la justicia y los derechos humanos. A medida que México se acerca a la era del "Nuevo Poder" en 2024, estos casos sirven como recordatorio de la importancia de defender el estado de derecho, promover la igualdad y proteger los derechos de todos los ciudadanos. Al aprender del pasado y abordar los desafíos actuales, México puede continuar su camino hacia una sociedad más justa, inclusiva y democrática.

ABORDAR LOS DESAFÍOS SOCIALES

COMBATIR LA CORRUPCIÓN Y GARANTIZAR LA TRANSPARENCIA

La corrupción ha sido durante mucho tiempo un problema generalizado en la política mexicana, que obstaculiza el desarrollo, erosiona la confianza pública e impide el progreso. A medida que México ingresa a la era del "Nuevo Poder" en 2024, la lucha contra la corrupción y la búsqueda de la transparencia se convierten en elementos críticos para dar forma al panorama político de la nación. Este capítulo profundiza en los desafíos que plantea la corrupción, la importancia de la transparencia en la gobernabilidad y las estrategias e iniciativas requeridas para combatir la corrupción de manera efectiva y fomentar una cultura de transparencia en el ámbito político de México.

El impacto de la corrupción en la política y la sociedad

La corrupción ejerce un profundo impacto en la política y la sociedad de México, afectando varios aspectos de la gobernabilidad y la vida pública:

Erosión de la confianza pública: la corrupción generalizada erosiona la confianza pública en las instituciones gubernamentales y los políticos. Los ciudadanos se desilusionan y se vuelven cínicos sobre la efectividad de las políticas públicas y sus representantes.

Desvío de fondos públicos: la corrupción desvía fondos públicos de los servicios esenciales, como atención médica, educación e infraestructura, lo que priva a los ciudadanos de los recursos que tanto necesitan.

Impedimento para el crecimiento económico: la corrupción desalienta la inversión extranjera y obstaculiza el crecimiento económico, ya que los inversores buscan entornos estables y transparentes.

Desigualdad social: la corrupción exacerba las desigualdades sociales al favorecer a las personas o corporaciones bien conectadas sobre la población en general.

Socavando el estado de derecho: la corrupción debilita el estado de derecho, ya que los individuos poderosos evaden la rendición de cuentas y las consecuencias legales.

La transparencia como antídoto contra la corrupción

La transparencia sirve como una poderosa herramienta para combatir la corrupción y promover el buen gobierno:

Rendición de cuentas: la transparencia fomenta la rendición de cuentas al hacer que las acciones, decisiones y gastos del gobierno sean visibles para el público.

Compromiso ciudadano: la gobernanza transparente fomenta la participación ciudadana, empoderando a las personas para exigir rendición de cuentas y participar en la toma de decisiones.

Medidas anticorrupción: Los procesos transparentes, como las adquisiciones y los contratos públicos, pueden minimizar las oportunidades de corrupción.

Confianza pública y legitimidad: la gobernanza transparente genera confianza pública y legitimidad en las instituciones gubernamentales.

Reducción de la asimetría de la información: la transparencia reduce la asimetría de la información entre el gobierno y los ciudadanos, lo que garantiza el acceso a información vital.

Desafíos en la lucha contra la corrupción

Combatir la corrupción requiere abordar varios desafíos:

Cultura profundamente arraigada: La corrupción está profundamente arraigada en la cultura política mexicana, lo que requiere un cambio cultural hacia la transparencia y la rendición de cuentas.

Instituciones débiles: El fortalecimiento de las instituciones es crucial para garantizar una supervisión y aplicación efectivas de las medidas anticorrupción.

Voluntad política: la voluntad política es esencial para iniciar y sostener reformas anticorrupción, incluso frente a intereses creados.

Independencia judicial: Un poder judicial sólido e independiente es crucial para enjuiciar a los corruptos de manera imparcial.

Colaboración y cooperación internacional: la lucha contra la corrupción a menudo requiere la colaboración internacional para abordar los problemas transfronterizos y los flujos financieros ilícitos.

Estrategias de Transparencia y Anticorrupción

Para fomentar la transparencia y combatir la corrupción de manera efectiva, México puede considerar varias estrategias:

Protección de denunciantes: El fortalecimiento de las leyes de protección de denunciantes alienta a las personas a denunciar casos de corrupción sin temor a represalias.

Declaraciones de activos: exigir a los funcionarios públicos que declaren sus activos puede ayudar a identificar la acumulación de riqueza sospechosa.

Datos abiertos y tecnología: utilizar tecnología para publicar datos e información del gobierno en un formato accesible mejora la transparencia.

Fortalecimiento de los órganos de supervisión independientes : el empoderamiento de instituciones como el Defensor del Pueblo y las comisiones anticorrupción refuerza la rendición de cuentas.

Campañas de concientización pública: Involucrar a los ciudadanos a través de campañas de concientización pública aumenta la conciencia sobre el impacto de la corrupción y la importancia de la transparencia.

La lucha contra la corrupción y la promoción de la transparencia son fundamentales para el viaje de México hacia "El Nuevo Poder" en 2024. Al defender la transparencia, fomentar la rendición de cuentas y fortalecer las instituciones, México puede abordar los desafíos que plantea la corrupción y allanar el camino para un mundo más justo, equitativo y sociedad democratica. Un compromiso con las medidas de transparencia y anticorrupción será fundamental para generar confianza pública, atraer inversiones y garantizar el desarrollo sostenible en el panorama político de México.

LA CORRUPCIÓN COMO PROBLEMA POLÍTICO

La corrupción se ha convertido en un tema profundamente arraigado y generalizado en la política mexicana, moldeando profundamente el panorama político y la percepción pública de la nación. A medida que México se embarca en la era de "El Nuevo Poder" en 2024, abordar la corrupción como un tema político central se vuelve imperativo para restaurar la confianza pública, promover el buen gobierno y fomentar un sistema político más transparente y responsable. Este capítulo examina la corrupción como un problema político, sus causas y consecuencias, y las estrategias e iniciativas requeridas para combatir la corrupción de manera efectiva en México.

La corrupción en la política mexicana

La corrupción se ha convertido en sinónimo de la política mexicana, impactando varios aspectos de la gobernabilidad y los procesos políticos:

Políticas de patrocinio: La corrupción prospera en un sistema caracterizado por el patrocinio y el clientelismo, donde los favores políticos se intercambian por lealtad y apoyo.

Influencia del crimen organizado: La influencia del crimen organizado en la política y las instituciones gubernamentales exacerba la corrupción, lo que dificulta enjuiciar y responsabilizar a los involucrados.

Impunidad: La falta de rendición de cuentas y la impunidad de los actos corruptos permite que los funcionarios corruptos actúen sin temor a las consecuencias.

Financiamiento político: el financiamiento de campañas ilícitas y la falta de transparencia en las donaciones políticas crean oportunidades para la corrupción y la influencia indebida.

Connivencia entre los sectores público y privado: la connivencia entre funcionarios públicos y entidades privadas fomenta prácticas corruptas, como sobornos, comisiones ilícitas y malversación de fondos.

Consecuencias de la Corrupción

Las consecuencias de la corrupción son de largo alcance y perjudiciales para el tejido político y social de México:

Erosión de la confianza pública: la corrupción erosiona la confianza pública en las instituciones gubernamentales y los líderes políticos, lo que socava la legitimidad democrática.

Impacto económico: la corrupción desvía fondos públicos, obstaculiza el crecimiento económico y desalienta la inversión extranjera.

Inequidad social: la corrupción perpetúa las desigualdades sociales, ya que los recursos destinados al bienestar público se malversan para beneficio personal.

Socavando el estado de derecho: La corrupción debilita el estado de derecho, ya que individuos poderosos manipulan los procesos legales para su beneficio.

Debilitamiento de las instituciones: Las prácticas corruptas debilitan la eficacia y la credibilidad de las instituciones públicas.

Estrategias para Abordar la Corrupción

Abordar la corrupción como un problema político requiere estrategias e iniciativas integrales:

Transparencia y responsabilidad: promover la transparencia en los procesos gubernamentales, las finanzas y la toma de decisiones mejora la responsabilidad y reduce las oportunidades de corrupción.

Supervisión independiente: el fortalecimiento de los órganos de supervisión independientes y las instituciones anticorrupción garantiza un control y una aplicación efectivos de las medidas anticorrupción.

Protección de denunciantes: Proporcionar una protección sólida a los denunciantes fomenta la denuncia de prácticas corruptas sin temor a represalias.

Reforma del financiamiento de campañas: la implementación de la reforma del financiamiento de campañas garantiza la transparencia y la rendición de cuentas en las donaciones y los gastos políticos.

Independencia judicial: fomentar un poder judicial independiente e imparcial es vital para enjuiciar a los funcionarios corruptos y defender el estado de derecho.

Educación y Concientización Pública: Concientizar al público sobre el impacto de la corrupción y promover un comportamiento ético fomenta una cultura de integridad.

La corrupción como problema político es un desafío formidable que enfrenta México a medida que avanza hacia la era del "Nuevo Poder" en 2024. Al priorizar la transparencia, la rendición de cuentas y las medidas anticorrupción, México puede trabajar para restaurar la confianza pública en sus instituciones y líderes políticos. Abordar la corrupción requiere un esfuerzo colectivo de todos los sectores de la sociedad, fomentando un compromiso con el buen gobierno, la integridad y los principios de la democracia. Un enfoque decidido en la lucha contra la corrupción será fundamental para dar forma al futuro político de México y garantizar un panorama político más justo, transparente y responsable.

ESFUERZOS ANTICORRUPCIÓN Y SU IMPACTO

En la búsqueda de "El Nuevo Poder" en México, combatir la corrupción se erige como un objetivo primordial para fomentar el buen gobierno, restaurar la confianza pública y promover la transparencia. A lo largo de los años, se han implementado varios esfuerzos anticorrupción para abordar este problema generalizado. Este capítulo explora el impacto de las iniciativas anticorrupción en México, examinando el progreso logrado, los desafíos enfrentados y el camino a seguir para fortalecer estos esfuerzos y lograr resultados tangibles en los años previos a 2024.

Contexto histórico de los esfuerzos anticorrupción

Los esfuerzos anticorrupción de México han evolucionado con el tiempo, respondiendo a dinámicas políticas cambiantes y demandas sociales:

Establecimiento de Instituciones Anticorrupción: Se crearon instituciones como la Secretaría de la Función Pública (SFP) y el Instituto Federal de Acceso a la Información y Protección de Datos (IFAI) para monitorear y hacer cumplir las medidas anticorrupción.

El Sistema Nacional Anticorrupción (SNA): El SNA, establecido en 2016, tenía como objetivo coordinar los esfuerzos en todos los niveles de gobierno para combatir la corrupción, mejorar la transparencia y garantizar la rendición de cuentas.

Leyes de protección de los denunciantes: Se ha promulgado legislación para proteger a los denunciantes a fin de fomentar la denuncia de prácticas corruptas y proteger a quienes se presenten.

Cooperación internacional: México se ha involucrado en la colaboración internacional para abordar la corrupción, trabajando con organizaciones como las Naciones Unidas y la Organización para la Cooperación y el Desarrollo Económico (OCDE).

Impacto de los esfuerzos anticorrupción

El impacto de los esfuerzos anticorrupción en México ha sido multifacético:

Mayor conciencia pública: las iniciativas anticorrupción han aumentado la conciencia pública sobre los efectos perjudiciales de la corrupción y la necesidad de transparencia y rendición de cuentas.

Informes de denunciantes: La protección de los denunciantes ha llevado a un aumento en los informes de corrupción, lo que permite a las autoridades descubrir e investigar prácticas corruptas.

Casos de alto perfil: Se han sacado a la luz casos notables que involucran a funcionarios y políticos corruptos, lo que ha provocado indignación pública y demandas de rendición de cuentas.

Instituciones fortalecidas: Los esfuerzos anticorrupción han contribuido al fortalecimiento de las instituciones anticorrupción y al establecimiento del SNA.

Desafíos y limitaciones

A pesar del progreso, los esfuerzos anticorrupción en México enfrentan desafíos y limitaciones:

Impunidad y enjuiciamiento débil: Los altos niveles de impunidad y el enjuiciamiento débil de funcionarios corruptos socavan la eficacia de las medidas anticorrupción.

Voluntad e intereses políticos: la influencia de los intereses creados y la voluntad política pueden obstaculizar la implementación y el cumplimiento de las políticas anticorrupción.

Recursos inadecuados: la financiación y los recursos insuficientes pueden limitar la capacidad de las instituciones anticorrupción para llevar a cabo su mandato con eficacia.

Complejidad de las redes de corrupción: Las redes de corrupción a menudo involucran la colusión entre actores públicos y privados, lo que hace que las investigaciones y los enjuiciamientos sean complejos y lentos.

El camino a seguir

Para fortalecer los esfuerzos anticorrupción y lograr un impacto significativo para 2024, México debe considerar las siguientes medidas:

Independencia judicial: Garantizar un poder judicial independiente e imparcial es vital para enjuiciar a los funcionarios corruptos y aumentar la confianza del público en el sistema legal.

Reformas integrales: Implementar reformas integrales que aborden las causas profundas de la corrupción, como el financiamiento de campañas, la contratación pública y la contratación gubernamental.

Protección de denunciantes: Mejorar los mecanismos de protección de denunciantes para alentar la denuncia y proteger a quienes exponen la corrupción.

Colaboración internacional: fortalecer la cooperación internacional y comprometerse con organizaciones internacionales para abordar problemas de corrupción transfronteriza.

Compromiso de la sociedad civil: Fomentar la participación activa y la colaboración con las organizaciones de la sociedad civil para fomentar la transparencia y hacer que las autoridades rindan cuentas.

El impacto de los esfuerzos anticorrupción en México será fundamental para dar forma al panorama político de la nación en la era de "El Nuevo Poder" de 2024. Al aprovechar el progreso logrado, abordar los desafíos y buscar reformas integrales, México puede forjar un camino hacia una más sistema político transparente, responsable y libre de corrupción. El compromiso de combatir la corrupción debe seguir siendo una prioridad máxima, involucrando a todos los sectores de la sociedad en un esfuerzo colectivo para lograr un cambio duradero y defender los principios de buena gobernanza e integridad.

ABORDAR EL CRIMEN Y MEJORAR LA SEGURIDAD

Los problemas de delincuencia y seguridad han sido durante mucho tiempo una preocupación importante en el panorama político de México, lo que afecta la seguridad pública, el desarrollo económico y la estabilidad social. A medida que México se acerca a la era de "El Nuevo Poder" en 2024, abordar el crimen y mejorar la seguridad se vuelve primordial para fomentar una nación más segura y próspera. Este capítulo profundiza en los desafíos que plantea la delincuencia, las estrategias para hacer frente a las actividades delictivas y las iniciativas necesarias para mejorar la seguridad y crear un entorno más seguro para todos los ciudadanos.

Panorama criminal en México

México enfrenta un panorama criminal complejo y diverso, que incluye:

Crimen organizado: Poderosos cárteles de la droga y grupos delictivos organizados operan en todo el país, participando en el tráfico de drogas, el contrabando de personas y otras actividades ilícitas.

Delitos violentos: los homicidios, los secuestros y las extorsiones representan amenazas importantes para la seguridad y la estabilidad públicas.

Corrupción e impunidad: La corrupción dentro de las instituciones judiciales y de aplicación de la ley dificulta el enjuiciamiento efectivo de los delincuentes y socava la confianza pública.

Ciberdelincuencia: El auge de la ciberdelincuencia presenta nuevos desafíos para abordar el fraude digital, las filtraciones de datos y las estafas en línea.

Estrategias para enfrentar el crimen

Abordar el crimen y mejorar la seguridad requiere estrategias integrales:

Fortalecimiento de la aplicación de la ley: invertir en capacidades, capacitación y equipos de aplicación de la ley para combatir de manera efectiva las organizaciones criminales y responder a emergencias.

Inteligencia y vigilancia : mejora de las capacidades de vigilancia y recopilación de inteligencia para rastrear actividades delictivas e interrumpir las redes del crimen organizado.

Reformas judiciales: Implementar reformas judiciales para agilizar los juicios penales y aumentar la probabilidad de que los enjuiciamientos tengan éxito.

Policía Comunitaria: Promoción de estrategias policiales orientadas a la comunidad para generar confianza entre las fuerzas del orden y los ciudadanos, fomentando la cooperación en la prevención del delito.

Iniciativas específicas contra el crimen: Implementar iniciativas específicas para abordar problemas específicos de delincuencia, como la trata de personas, el delito cibernético y la violencia de género.

Combatir la corrupción: erradicar la corrupción dentro de las instituciones judiciales y de aplicación de la ley para garantizar un sistema de justicia penal justo y eficaz.

Mejora de las medidas de seguridad

Para mejorar la seguridad y salvaguardar la seguridad pública, México puede considerar las siguientes medidas:

Seguridad Fronteriza: Fortalecimiento de la seguridad fronteriza para frenar el flujo de drogas ilegales, armas y tráfico de personas.

Ciberseguridad: invertir en infraestructura y capacidades de ciberseguridad para proteger los sistemas críticos y combatir las amenazas digitales.

Programas Sociales: Implementar programas sociales y oportunidades económicas en comunidades marginadas para abordar las causas profundas del crimen.

Servicios de apoyo a las víctimas: mejorar los servicios de apoyo a las víctimas para brindar asistencia y protección a las personas afectadas por el delito.

Cooperación internacional: Colaborar con países vecinos y socios internacionales para abordar el crimen transfronterizo y mejorar la seguridad regional.

Medición del éxito y los desafíos

Medir el éxito de los esfuerzos de seguridad y prevención del delito implica monitorear indicadores clave, como las tasas de delincuencia, las tasas de resolución (porcentaje de casos resueltos) y la percepción pública de la seguridad. Los desafíos para abordar el crimen y mejorar la seguridad incluyen:

Restricciones de recursos : los recursos limitados pueden dificultar la implementación de medidas de seguridad integrales.

Compromiso a largo plazo: las mejoras sostenibles en la seguridad requieren un compromiso a largo plazo y esfuerzos coordinados en todos los niveles de gobierno.

Abordar las causas fundamentales: abordar eficazmente la delincuencia implica abordar las disparidades socioeconómicas y proporcionar alternativas viables a las actividades delictivas.

Abordar el crimen y mejorar la seguridad son componentes críticos de la era "El Nuevo Poder" en México. Al implementar estrategias integrales, fortalecer las instituciones judiciales y de aplicación de la ley e invertir en enfoques orientados a la comunidad, México puede crear un entorno más seguro para sus ciudadanos. La colaboración con socios internacionales y un compromiso sostenido para abordar los desafíos del crimen serán esenciales para lograr un progreso duradero y fomentar un futuro seguro y próspero para todos los mexicanos.

LA LUCHA DE MÉXICO CONTRA LOS CÁRTELES DE LA DROGA Y EL CRIMEN

La lucha de México contra los cárteles de la droga y el crimen ha sido un desafío continuo y complejo, que da forma a la política, la seguridad y el tejido social de la nación. A medida que México ingresa a la era del "Nuevo Poder" en 2024, comprender la dinámica de esta lucha se vuelve crucial para desarrollar estrategias efectivas para desmantelar las organizaciones criminales, mejorar la seguridad pública y forjar un camino hacia una sociedad más segura y pacífica. Este capítulo profundiza en la lucha de México contra los cárteles de la droga y el crimen, las causas fundamentales, el impacto en la sociedad y las iniciativas necesarias para abordar este problema apremiante.

El auge de los cárteles de la droga y el crimen organizado

El surgimiento de poderosos cárteles de la droga y grupos delictivos organizados en México es el resultado de varios factores:

Geografía: La ubicación geográfica de México entre los países productores de drogas de América del Sur y los Estados Unidos, el mercado de drogas más grande del mundo, lo ha convertido en un centro de tránsito de drogas ilícitas.

Contexto histórico: La liberalización de las políticas antidrogas en las décadas de 1980 y 1990 condujo a la expansión de las redes de producción y tráfico de drogas en México.

Instituciones débiles: La corrupción dentro de las instituciones policiales, judiciales y políticas facilitó el crecimiento y las operaciones de los cárteles de la droga.

Disparidades socioeconómicas: las comunidades marginadas con oportunidades económicas limitadas se han convertido en lugares de reclutamiento para las organizaciones criminales.

Impacto en la sociedad

La presencia de los cárteles de la droga y el crimen ha tenido consecuencias de largo alcance en la sociedad mexicana:

Violencia e inseguridad : La lucha de México contra los cárteles de la droga ha resultado en una oleada de violencia, homicidios y desapariciones, causando miedo e inseguridad generalizados.

Desplazamiento y Migración: La violencia continua ha desplazado comunidades y ha contribuido a la migración forzada dentro y fuera de las fronteras de México.

Corrupción e impunidad: La corrupción dentro de las instituciones judiciales y de aplicación de la ley socava la capacidad de combatir eficazmente el delito y enjuiciar a los delincuentes.

Fragmentación social: la prevalencia de los cárteles de la droga ha erosionado la cohesión social, ya que las comunidades viven con miedo a las represalias y la explotación.

Impacto económico: el crimen obstaculiza el crecimiento económico, desalienta la inversión extranjera y desvía los recursos de los esfuerzos productivos.

Iniciativas para combatir los cárteles de la droga y el crimen

Para abordar la lucha de México contra los cárteles de la droga y el crimen, se necesitan iniciativas integrales:

Fortalecimiento de las Fuerzas de Seguridad: Invertir en capacitación, equipo y recursos para las fuerzas del orden y de seguridad para combatir las organizaciones criminales de manera efectiva.

Intercambio de inteligencia: mejorar el intercambio de inteligencia y la cooperación entre los diferentes niveles de las fuerzas del orden para desbaratar las redes criminales.

Compromiso con la comunidad: Implementar programas sociales y de policía comunitaria para generar confianza y abordar las causas profundas del delito.

Reformas judiciales: Fortalecimiento del sistema judicial para garantizar juicios justos y oportunos y reducir la impunidad de los delincuentes.

Cooperación Internacional: Colaborar con otros países para abordar el crimen transfronterizo y frenar el narcotráfico.

Abordar las disparidades socioeconómicas: implementar políticas económicas inclusivas y programas sociales para brindar alternativas viables a las actividades delictivas.

La lucha de México contra los cárteles de la droga y el crimen sigue siendo un desafío importante a medida que ingresa a la era del "Nuevo Poder" en 2024. Al comprender las causas profundas, invertir en las fuerzas de seguridad, involucrar a las comunidades y abordar las desigualdades sociales, México puede avanzar hacia el desmantelamiento de las organizaciones criminales. y fomentar una sociedad más segura y pacífica. Combatir los cárteles de la droga y el crimen requiere un esfuerzo colectivo de todos los sectores de la sociedad y un compromiso sostenido de los líderes políticos para lograr un progreso tangible y crear un futuro más seguro y próspero para todos los mexicanos.

ESTRATEGIAS PARA MEJORAR LA SEGURIDAD PÚBLICA

Mejorar la seguridad pública es una prioridad fundamental para México a medida que se acerca la era del "Nuevo Poder" en 2024. Abordar el crimen, la violencia y la inseguridad requiere estrategias integrales que involucren a las fuerzas del orden público, las comunidades y las instituciones gubernamentales trabajando en colaboración. Este capítulo explora las estrategias clave para mejorar la seguridad pública en México, centrándose en las medidas preventivas, la participación comunitaria y el fortalecimiento de las capacidades de aplicación de la ley para crear un entorno más seguro para todos los ciudadanos.

Vigilancia orientada a la comunidad

La vigilancia orientada a la comunidad enfatiza la creación de confianza y cooperación entre las agencias de aplicación de la ley y las comunidades a las que sirven:

Participación de la comunidad: alentar a los agentes de policía a interactuar positivamente con el público, participar en eventos comunitarios y establecer relaciones con los residentes para comprender mejor las preocupaciones locales.

Enfoque de resolución de problemas : utilizar métodos basados en datos para identificar y abordar las causas fundamentales del crimen dentro de comunidades específicas.

Rendición de cuentas : Implementar mecanismos para la supervisión y la retroalimentación de la comunidad para garantizar la rendición de cuentas y la transparencia de la policía.

Fortalecimiento de la aplicación de la ley

Fortalecer las capacidades de aplicación de la ley es vital para combatir eficazmente el crimen y mantener la seguridad pública:

Capacitación y desarrollo profesional : invertir en capacitación y desarrollo profesional continuos para el personal encargado de hacer cumplir la ley para mejorar las habilidades de investigación, la respuesta a crisis y las técnicas de reducción de escala.

Inteligencia y tecnología : mejorar la recopilación y el intercambio de inteligencia entre las agencias de aplicación de la ley, utilizando tecnología para el análisis de datos y el mapeo de delitos para identificar puntos críticos y patrones.

Colaboración interinstitucional : promover la cooperación y el intercambio de información entre diferentes agencias de aplicación de la ley a nivel local, estatal y federal para coordinar esfuerzos y atacar redes criminales.

Prevención del Delito y Programas Sociales

Las iniciativas de prevención del delito y los programas sociales son cruciales para abordar las causas profundas del comportamiento delictivo:

Programas juveniles: invertir en educación, tutoría y actividades extracurriculares para alejar a los jóvenes del crimen y la participación en pandillas.

Oportunidades de trabajo: crear oportunidades de empleo y programas de capacitación vocacional para reducir las disparidades económicas y brindar alternativas a las actividades delictivas.

Tratamiento por abuso de sustancias: ampliar el acceso al tratamiento y la rehabilitación por abuso de sustancias para abordar los delitos relacionados con las drogas.

Servicios de apoyo a las víctimas

Brindar servicios integrales de apoyo a las víctimas de delitos es fundamental para su recuperación y empoderamiento:

Intervención de Crisis : Asistencia inmediata, consejería y apoyo de trauma para víctimas de crímenes violentos.

Asistencia Legal : Garantizar que las víctimas tengan acceso a asesoramiento y apoyo legal durante todo el proceso judicial.

Referencias de recursos : conectar a las víctimas con servicios de apoyo relevantes, como refugios, atención médica y asistencia financiera.

Abordar la corrupción y la impunidad

La lucha contra la corrupción y la impunidad dentro de las instituciones judiciales y de aplicación de la ley es fundamental para defender el estado de derecho:

Fortalecimiento de los mecanismos de supervisión: establecimiento de órganos de supervisión independientes para investigar y abordar las denuncias de corrupción dentro de los organismos encargados de hacer cumplir la ley.

Reformas judiciales: Implementar reformas judiciales para acelerar los juicios, reducir la acumulación de casos y aumentar la probabilidad de condenas.

Protección de denunciantes : garantizar una protección sólida para los denunciantes que exponen prácticas corruptas.

Mejorar la seguridad pública en México exige un enfoque integral que aborde las causas fundamentales del delito, mejore las capacidades de aplicación de la ley, involucre a las comunidades y fomente la rendición de cuentas. Al implementar estas estrategias, México puede crear un entorno más seguro y protegido, restaurar la confianza pública en las instituciones y trabajar hacia un futuro marcado por la reducción del crimen y la mejora de la seguridad pública. El compromiso de los líderes políticos, las fuerzas del orden, la sociedad civil y los ciudadanos en general es esencial para lograr un progreso significativo y garantizar un México más pacífico y próspero en la era de "El Nuevo Poder" de 2024.

¿CÓMO PUEDE LA COOPERACIÓN INTERNACIONAL AYUDAR A COMBATIR LA DELINCUENCIA EN MÉXICO?

La cooperación internacional puede jugar un papel crucial en la lucha contra el crimen en México, especialmente cuando se trata de temas que se extienden más allá de las fronteras nacionales. La interconexión de la delincuencia, en particular el tráfico de drogas y la delincuencia organizada transnacional, requiere la colaboración entre los países para abordar los desafíos compartidos de manera eficaz. Aquí hay algunas formas en que la cooperación internacional puede ayudar a combatir el crimen en México:

Intercambio de información e inteligencia: los países pueden colaborar compartiendo información e inteligencia sobre actividades delictivas, rutas de tráfico de drogas y redes de lavado de dinero. Este intercambio de datos vitales mejora la capacidad de los organismos encargados de hacer cumplir la ley para rastrear y detener a los delincuentes que operan a través de las fronteras.

Investigaciones conjuntas y grupos de trabajo: establecer equipos de investigación conjuntos y grupos de trabajo internacionales permite a los organismos encargados de hacer cumplir la ley de diferentes países aunar recursos y experiencia para hacer frente a las redes delictivas transnacionales. Este enfoque facilita las operaciones y detenciones transfronterizas, lo que dificulta que los delincuentes encuentren refugio seguro en otras jurisdicciones.

Extradición y asistencia legal mutua: la cooperación en la extradición de delincuentes buscados y la provisión de asistencia legal mutua permite a los países ayudarse entre sí en la recopilación de pruebas, la realización de investigaciones y el enjuiciamiento de los delincuentes involucrados en delitos transfronterizos.

Interpol y bases de datos internacionales: la participación en organizaciones internacionales de aplicación de la ley como Interpol brinda acceso a bases de datos y herramientas globales que ayudan a identificar y detener a delincuentes, localizar personas desaparecidas y recuperar bienes robados.

Seguridad fronteriza y cooperación: Fortalecer la seguridad fronteriza y colaborar con los países vecinos puede ayudar a prevenir el flujo ilegal de drogas, armas y tráfico de personas, interrumpiendo las operaciones de las redes criminales.

Colaboración contra el ciberdelito: Dada la naturaleza sin fronteras del ciberdelito, la cooperación internacional es esencial para investigar y enjuiciar a los ciberdelincuentes y compartir las mejores prácticas para la ciberseguridad.

Lucha contra el lavado de dinero: la colaboración en la lucha contra el lavado de dinero es crucial para interrumpir las redes financieras de las organizaciones criminales y rastrear los flujos financieros ilícitos.

Operaciones dirigidas por inteligencia: Compartir inteligencia y experiencia con socios internacionales permite una mejor coordinación de las operaciones dirigidas por inteligencia contra el crimen transnacional.

Capacitación y desarrollo de capacidades: la cooperación internacional puede apoyar los programas de capacitación y desarrollo de capacidades para los organismos encargados de hacer cumplir la ley, mejorando sus habilidades para investigar y contrarrestar varios tipos de delitos.

Abordar la demanda de drogas: La cooperación internacional también puede enfocarse en abordar la demanda de drogas ilícitas en los países consumidores, ya que reducir el consumo de drogas puede afectar la rentabilidad del narcotráfico.

La cooperación internacional es esencial para que México combata el crimen de manera efectiva, particularmente cuando se trata de redes criminales transnacionales. Al colaborar con otros países, compartir información y aunar recursos, México puede fortalecer sus esfuerzos para desmantelar organizaciones criminales, interrumpir actividades ilegales y mejorar la seguridad pública. Un frente unido contra la delincuencia garantiza que los delincuentes no tengan un refugio seguro y aumenta la probabilidad de detener y enjuiciar con éxito a los delincuentes involucrados en actividades delictivas transfronterizas. En la era de "El Nuevo Poder" de 2024, fomentar la cooperación internacional será fundamental para lograr un México más seguro.

¿CÓMO PUEDE MÉXICO ABORDAR LA DEMANDA DE DROGAS?

Abordar la demanda de drogas en México requiere un enfoque multifacético que involucra medidas preventivas, iniciativas de salud pública e intervenciones sociales. Al enfocarse en reducir el consumo y la adicción a las drogas, México puede socavar la rentabilidad del narcotráfico y romper el ciclo del crimen relacionado con las drogas. Aquí hay algunas estrategias para abordar la demanda de drogas de manera efectiva:

Concientización y educación pública: Implementar programas integrales de educación sobre drogas en las escuelas y comunidades para crear conciencia sobre los riesgos y las consecuencias del consumo de drogas. Promover información basada en evidencia para desacreditar los mitos que rodean a las drogas y fomentar la toma de decisiones informadas.

Tratamiento y rehabilitación: Ampliar el acceso a los servicios de tratamiento y rehabilitación de drogas para las personas que luchan contra la adicción a las drogas. Brindar una variedad de opciones de tratamiento, que incluyen asesoramiento, terapia y tratamiento asistido por medicamentos, para abordar las necesidades específicas de diferentes personas.

Despenalización del uso de drogas: considerar la despenalización del uso y la posesión de drogas para uso personal, centrándose en las intervenciones de salud pública en lugar de las medidas punitivas. Redirigir recursos hacia programas de tratamiento y apoyo para usuarios de drogas en lugar de arrestarlos y encarcelarlos.

Programas de reducción de daños: establezca programas de reducción de daños que proporcionen agujas limpias, instalaciones de inyección supervisadas y distribución de naloxona para prevenir muertes por sobredosis de drogas y reducir la propagación de enfermedades infecciosas.

Compromiso y apoyo comunitario: fomentar un entorno comunitario de apoyo que aliente a las personas a buscar ayuda para problemas relacionados con las drogas sin temor al estigma o la discriminación. Involucrar a los líderes y organizaciones de la comunidad en la sensibilización y promoción de estilos de vida saludables.

Alternativas al encarcelamiento: Explore alternativas al encarcelamiento para infractores de drogas no violentos, como programas alternativos o tribunales de drogas que se centren en el tratamiento y la rehabilitación en lugar del castigo.

Intervención temprana : implementar programas de intervención temprana que identifiquen a las personas en riesgo, como los adolescentes que experimentan con drogas, y brinden apoyo y orientación para evitar que aumente el consumo de drogas.

Mensajes dirigidos: Adapte los mensajes de prevención a diferentes grupos demográficos y poblaciones, teniendo en cuenta los factores culturales, sociales y económicos que influyen en el consumo de drogas.

Colaboración con proveedores de atención médica: trabaje en estrecha colaboración con los proveedores de atención médica para identificar y abordar los trastornos por uso de sustancias desde el principio. Fomentar la detección y las intervenciones breves en entornos médicos.

Colaboración internacional: Colaborar con otros países para abordar la demanda de drogas a escala mundial. Comparta las mejores prácticas y aprenda de las iniciativas exitosas de reducción de la demanda de drogas en otros países.

Abordar la demanda de drogas es un componente crucial de los esfuerzos de México para combatir el narcotráfico y los delitos relacionados. Mediante la adopción de medidas preventivas, la ampliación de los servicios de tratamiento y rehabilitación y la promoción de programas de reducción de daños y de intervención temprana, México puede reducir el consumo y la adicción a las drogas, lo que conducirá a una sociedad más segura y saludable. La colaboración con socios internacionales y un compromiso sostenido con los enfoques basados en evidencia serán esenciales para lograr el éxito en la reducción de la demanda de drogas y acabar con los problemas relacionados con las drogas en la era de "El Nuevo Poder" de 2024.

POLÍTICAS ECONÓMICAS Y BIENESTAR SOCIAL

En la búsqueda de "El Nuevo Poder" en 2024, las políticas económicas y el bienestar social juegan un papel central para dar forma al panorama político de México y garantizar el bienestar de sus ciudadanos. Equilibrar el crecimiento económico con la equidad social se vuelve primordial para abordar las disparidades socioeconómicas, reducir la pobreza y fomentar una sociedad más inclusiva y próspera. Este capítulo explora la importancia de las políticas económicas y las iniciativas de bienestar social en México, examinando los desafíos que enfrenta y las estrategias requeridas para lograr un desarrollo sustentable y mejorar la vida de todos los ciudadanos.

Políticas Económicas para el Desarrollo Sostenible

Las políticas económicas de México deben orientarse a lograr un desarrollo sustentable y fomentar un crecimiento económico que beneficie a todos los segmentos de la sociedad:

Inversión en infraestructura: el desarrollo de infraestructura, como transporte, energía y comunicación, aumenta la productividad, crea empleos y facilita el desarrollo regional.

Diversificación de industrias: Promover la diversificación de industrias para reducir la dependencia de un solo sector, haciendo que la economía sea más resistente a los choques externos.

Emprendimiento y Pequeñas Empresas: Apoyar el espíritu empresarial y las pequeñas empresas a través del acceso a financiamiento, capacitación y asistencia técnica, fomentando la innovación y la creación de empleo.

Comercio e Inversión Extranjera: Fomentar el comercio internacional y atraer inversión extranjera directa para estimular el crecimiento económico y crear oportunidades de empleo.

Crecimiento económico inclusivo: garantizar que el crecimiento económico beneficie a todos los ciudadanos mediante la implementación de políticas que aborden la desigualdad de ingresos y prioricen la reducción de la pobreza.

Iniciativas de Bienestar Social para una Sociedad Inclusiva

Las iniciativas de bienestar social son vitales para proteger a las poblaciones vulnerables y garantizar la inclusión social:

Programas de alivio de la pobreza: implementar programas sociales específicos, como transferencias de efectivo condicionales y asistencia alimentaria, para ayudar a quienes viven en la pobreza y reducir las disparidades de ingresos.

Cobertura Universal de Salud: Fortalecer el sistema de salud para asegurar el acceso universal a servicios de salud de calidad, mejorando los resultados de salud pública.

Educación y desarrollo de habilidades: mejorar el acceso a programas de educación y desarrollo de habilidades de calidad para equipar a los ciudadanos con las herramientas para participar en la fuerza laboral y contribuir al crecimiento económico.

Vivienda asequible: abordar los desafíos de asequibilidad de la vivienda a través de programas de vivienda asequible y apoyo para familias de bajos ingresos.

Redes de seguridad social: establezca redes de seguridad social sólidas para brindar apoyo durante las recesiones económicas y las emergencias, asegurando que se satisfagan las necesidades básicas.

Desafíos y Estrategias

Los desafíos en la implementación de políticas económicas e iniciativas de bienestar social incluyen:

Restricciones fiscales: Lograr un equilibrio entre el gasto social y la responsabilidad fiscal requiere una gestión financiera prudente.

Corrupción e ineficiencia: Combatir la corrupción y mejorar la eficiencia administrativa para garantizar que los recursos lleguen a los beneficiarios previstos.

Disparidades regionales: abordar las disparidades regionales en el desarrollo económico y el acceso al bienestar social a través de políticas de desarrollo regional específicas.

Colaboración con el Sector Privado: Colaborar con el sector privado para crear modelos de negocios inclusivos que promuevan la responsabilidad social y el desarrollo comunitario.

Las políticas económicas y las iniciativas de bienestar social son parte integral del viaje de México hacia la era del "Nuevo Poder" en 2024. Mediante la implementación de políticas económicas sostenibles, el fomento del crecimiento inclusivo y la priorización de los programas de bienestar social, México puede crear una sociedad más equitativa y próspera. La colaboración entre el gobierno, el sector privado, la sociedad civil y los socios internacionales será esencial para lograr un progreso tangible y garantizar que el desarrollo económico beneficie a todos los ciudadanos, en particular a los más vulnerables. En la era de "El Nuevo Poder", México puede aspirar a convertirse en un modelo de desarrollo equilibrado y sostenible, impulsando cambios positivos y elevando la vida de su gente.

DESAFÍOS Y OPORTUNIDADES ECONÓMICAS PARA MÉXICO

A medida que México se embarca en la era de "El Nuevo Poder" en 2024, el país enfrenta una variedad de desafíos y oportunidades económicas que darán forma a su panorama político y social. Abordar estos desafíos y aprovechar las oportunidades se vuelve crucial para fomentar el crecimiento económico sostenible, reducir las desigualdades y mejorar el bienestar de sus ciudadanos. Este capítulo profundiza en los desafíos económicos que enfrenta México, explora las oportunidades potenciales y describe estrategias para navegar estas aguas y desbloquear todo el potencial económico de México.

Desafíos económicos

Desigualdad de ingresos: México lidia con importantes disparidades de ingresos, con una parte sustancial de la población que vive en la pobreza. Abordar la desigualdad de ingresos es esencial para crear una economía más inclusiva.

Economía informal: una gran economía informal dificulta la recaudación de impuestos, reduce las protecciones laborales y limita el acceso a los beneficios sociales para los trabajadores.

Dependencia del petróleo: Históricamente, la economía de México ha dependido en gran medida de los ingresos del petróleo, lo que la hace vulnerable a las fluctuaciones en los precios mundiales del petróleo.

Disparidades regionales: Persisten los desequilibrios regionales en el desarrollo económico, con algunos estados rezagados en términos de infraestructura y oportunidades económicas.

Corrupción y transparencia: La corrupción dentro del sector público socava la confianza de los inversionistas, obstaculiza el crecimiento económico y desalienta la inversión extranjera.

Brecha de educación y habilidades: el sistema educativo enfrenta desafíos para brindar una educación relevante y de alta calidad, lo que lleva a una brecha de habilidades en el mercado laboral.

Oportunidades economicas

Manufactura y Exportación: La ubicación estratégica de México y los acuerdos comerciales ofrecen oportunidades de crecimiento en los sectores de manufactura y exportación.

Energía renovable: Invertir en fuentes de energía renovable puede reducir la dependencia del petróleo, promover la sostenibilidad y crear nuevas oportunidades laborales.

Innovación y tecnología: fomentar la innovación y adoptar tecnología puede impulsar la productividad y la competitividad en todas las industrias.

Turismo: la rica cultura, los diversos paisajes y los sitios históricos de México ofrecen un inmenso potencial para desarrollar aún más su industria turística.

Capital humano: Invertir en educación y desarrollo de habilidades puede mejorar el capital humano, brindando una ventaja competitiva en la economía global.

Estrategias para el Progreso Económico

Crecimiento Inclusivo: Implementar políticas que promuevan el crecimiento económico inclusivo, enfocándose en reducir la desigualdad de ingresos y mejorar las oportunidades para todos.

Diversificación: Fomentar la diversificación de la economía para reducir la dependencia del petróleo y aumentar la resiliencia a los choques externos.

Inversión en infraestructura: invertir en el desarrollo de infraestructura para mejorar la conectividad, apoyar el desarrollo regional y atraer inversiones.

Corrupción y reformas de la gobernabilidad: implementar reformas sólidas de gobernabilidad y anticorrupción para mejorar la transparencia, la rendición de cuentas y la confianza de los inversores.

Desarrollo de capital humano: Fortalecer el sistema educativo e invertir en el desarrollo de habilidades para equipar a la fuerza laboral con las herramientas necesarias para el futuro.

Asociaciones público-privadas: fomentar la colaboración entre los sectores público y privado para impulsar la inversión, la innovación y el desarrollo económico.

Superar los desafíos económicos y aprovechar las oportunidades es fundamental para el progreso de México en la era del "Nuevo Poder" de 2024. Al abordar la desigualdad de ingresos, reducir la dependencia del petróleo, promover la innovación y mejorar la gobernabilidad, México puede posicionarse como una nación dinámica y próspera. Un compromiso con el crecimiento inclusivo, el desarrollo sostenible y las reformas estratégicas serán fundamentales para desbloquear todo el potencial económico de México y crear un futuro mejor para todos sus ciudadanos.

PROGRAMAS DE BIENESTAR SOCIAL Y ALIVIO DE LA POBREZA

En la búsqueda de "El Nuevo Poder" en México, los programas de bienestar social y el alivio de la pobreza son pilares fundamentales para mejorar la vida de los ciudadanos más vulnerables, reducir las disparidades socioeconómicas y promover el crecimiento inclusivo. A medida que México se acerca al año 2024, este capítulo explora la importancia de las iniciativas de bienestar social, los desafíos que enfrenta el alivio de la pobreza y las estrategias necesarias para fortalecer las redes de seguridad social y crear una sociedad más equitativa y próspera para todos.

La importancia de los programas de bienestar social

Los programas de bienestar social juegan un papel vital en la prestación de apoyo esencial a quienes enfrentan dificultades económicas y abordan las desigualdades sociales:

1. Reducción de la pobreza: los programas de bienestar social se enfocan en la raíz de la pobreza brindando asistencia financiera y apoyo a las familias que viven por debajo del umbral Polí la pobreza.

2. Acceso a las necesidades básicas: estos programas garantizan el acceso a las necesidades básicas, como alimentos, atención médica y vivienda, mejorando el bienestar general de las poblaciones vulnerables.

3. Educación y desarrollo de habilidades: Invertir en programas de educación y desarrollo de habilidades empodera a las personas para romper el ciclo de la pobreza y asegurar mejores oportunidades para el futuro.

4. Redes de seguridad social: las iniciativas de bienestar social crean redes de seguridad para las personas y las familias en tiempos de incertidumbre económica, lo que reduce el impacto de las crisis financieras.

Desafíos en el alivio de la pobreza

Si bien los programas de bienestar social son esenciales, se deben abordar varios desafíos para lograr un alivio efectivo de la pobreza:

1. Apuntando a los más vulnerables: Garantizar que los programas de bienestar social lleguen a las poblaciones más vulnerables ya los más necesitados es fundamental para su éxito.

2. Restricciones fiscales: la asignación de suficientes recursos financieros a los programas de bienestar social puede ser un desafío, dadas otras prioridades presupuestarias.

3. Eficiencia administrativa: La agilización de los procesos administrativos y la reducción de las barreras burocráticas pueden mejorar la eficiencia y eficacia de estos programas.

4. Impacto sostenible: garantizar que las iniciativas de bienestar social tengan un impacto duradero al abordar las causas profundas de la pobreza y empoderar a las personas para que sean autosuficientes.

Estrategias para el Alivio Efectivo de la Pobreza

Para fortalecer los programas de bienestar social y lograr un alivio significativo de la pobreza, México puede considerar las siguientes estrategias:

Enfoque específico: identificar y enfocarse en las poblaciones más vulnerables, como las familias de bajos ingresos, los hogares monoparentales y los ancianos, para garantizar que los recursos se destinen a donde más se necesitan.

Políticas basadas en datos: Utilice enfoques basados en datos y evidencia para diseñar e implementar programas de bienestar social, asegurando que las intervenciones sean efectivas y adaptadas a necesidades específicas.

Apoyo integral: crear sistemas de apoyo integrales que aborden múltiples dimensiones de la pobreza, incluido el acceso a la educación, la atención médica, la vivienda y las oportunidades de empleo.

Asociaciones público-privadas: fomentar colaboraciones con entidades del sector privado para apoyar el desarrollo de habilidades, capacitación laboral y oportunidades de empleo para comunidades marginadas.

Evaluación y Monitoreo: Evaluar periódicamente el impacto de los programas de bienestar social para identificar áreas de mejora y asegurar que los recursos se asignen de manera efectiva.

Los programas de bienestar social y el alivio de la pobreza son componentes integrales de la era del "Nuevo Poder" en México. Al fortalecer las redes de seguridad social, enfocarse en los más vulnerables e implementar políticas basadas en datos, México puede lograr avances significativos en la reducción de la pobreza y la creación de una sociedad más inclusiva. El compromiso de los líderes políticos, la colaboración con las organizaciones de la sociedad civil y la asignación sostenible de recursos serán esenciales para lograr el alivio duradero de la pobreza y promover el bienestar y la dignidad de todos los ciudadanos mexicanos. En la era de "El Nuevo Poder" de 2024, México puede emerger como una nación que prioriza el bienestar social y demuestra su dedicación para mejorar la vida de sus poblaciones más marginadas.

EDUCACIÓN Y EMPODERAMIENTO JUVENIL

En la era de "El Nuevo Poder" de 2024, el papel de la educación y el empoderamiento de los jóvenes se vuelve fundamental para dar forma al panorama político de México e impulsar el progreso socioeconómico. Invertir en educación y empoderar a los jóvenes son estrategias clave para fomentar una ciudadanía capacitada, innovadora y comprometida que pueda contribuir al desarrollo de la nación. Este capítulo explora la importancia de la educación, los desafíos que enfrenta y las estrategias requeridas para empoderar a la juventud mexicana y crear un futuro mejor para el país.

La importancia de la educación

La educación sirve como piedra angular para el progreso social y el empoderamiento individual:

1. Desarrollo del capital humano: la educación equipa a las personas con conocimientos, habilidades y capacidades que impulsan el crecimiento económico y el desarrollo.

2. Empoderar a la juventud: Invertir en la juventud los empodera para ser participantes activos en la configuración de su futuro y contribuir al crecimiento de la nación.

3. Movilidad social: la educación de calidad permite la movilidad social, lo que permite a las personas de entornos desfavorecidos superar las barreras y acceder a mejores oportunidades.

4. Innovación y progreso: una población bien educada fomenta la innovación, la creatividad y el pensamiento crítico, impulsando avances en varios campos.

Desafíos en Educación y Empoderamiento Juvenil

A pesar de la importancia de la educación y el empoderamiento de los jóvenes, varios desafíos obstaculizan el progreso:

1. Calidad de la educación: Garantizar una educación de calidad que sea pertinente y equipe a los estudiantes con las habilidades esenciales sigue siendo un desafío.

2. Acceso a la educación: algunas comunidades, particularmente en áreas remotas y marginadas, carecen de acceso a una educación de calidad.

3. Tasas de deserción: Las altas tasas de deserción en las escuelas dificultan el logro educativo y las oportunidades futuras para los jóvenes.

4. Brecha de habilidades: hay un desajuste entre las habilidades proporcionadas por el sistema educativo y las necesidades del mercado laboral.

Estrategias para el Empoderamiento Juvenil

Para empoderar a la juventud mexicana y fomentar un futuro próspero, se pueden implementar varias estrategias:

1. Mejorar la calidad de la educación: mejorar la calidad de la educación mediante la actualización de los planes de estudio, la promoción del aprendizaje activo y el desarrollo profesional de los docentes.

2. Acceso a la educación: invertir en infraestructura y recursos para garantizar que todos los niños, independientemente de su ubicación, tengan acceso a una educación de calidad.

3. Capacitación vocacional y técnica: Ampliar las oportunidades de capacitación vocacional y técnica para cerrar la brecha de habilidades y satisfacer las demandas del mercado laboral.

4. Emprendimiento juvenil: apoyar iniciativas de emprendimiento juvenil y programas de puesta en marcha para fomentar la innovación y la creación de empleo.

5. Tutoría y orientación profesional: Brindar programas de tutoría y orientación profesional para ayudar a los jóvenes a explorar diversas trayectorias profesionales y tomar decisiones informadas.

6. Alfabetización digital: mejorar las habilidades de alfabetización digital para preparar a los jóvenes para la economía digital y los desafíos de la Cuarta Revolución Industrial.

La educación y el empoderamiento de la juventud son pilares esenciales de la era "El Nuevo Poder" en México. Al priorizar la calidad de la educación, ampliar el acceso a la educación y fomentar el espíritu empresarial y la innovación de los jóvenes, México puede crear una fuerza laboral capacitada y comprometida, lista para enfrentar los desafíos del futuro. El compromiso de invertir en educación y empoderar a la juventud no solo contribuirá al progreso socioeconómico, sino que también fortalecerá el tejido democrático de México y asegurará un futuro más brillante y próspero para todos sus ciudadanos. En la era de "El Nuevo Poder" de 2024, México puede emerger como una nación que valora a su juventud como catalizadores para el cambio y el desarrollo positivos.

REFORMAS EN EL SISTEMA EDUCATIVO

En la era de "El Nuevo Poder" de 2024, reformar el sistema educativo en México se convierte en un aspecto vital para transformar el panorama político del país y garantizar un futuro mejor para sus ciudadanos. Un sistema educativo sólido e inclusivo es la base del progreso, ya que empodera a las personas, fomenta la innovación e impulsa el desarrollo socioeconómico. Este capítulo explora la importancia de las reformas educativas, los desafíos enfrentados en el proceso y las estrategias requeridas para revitalizar el sistema educativo e impulsar a México hacia una sociedad más próspera y equitativa.

La importancia de las reformas educativas

Las reformas educativas son esenciales por las siguientes razones:

Educación de calidad: las reformas tienen como objetivo mejorar la calidad de la educación, asegurando que los estudiantes reciban conocimientos y habilidades relevantes y actualizados.

Igualdad de oportunidades: las reformas apuntan a brindar igualdad de oportunidades educativas para todos, independientemente de su origen socioeconómico o ubicación geográfica.

Competitividad global : un sistema educativo reformado equipa a los estudiantes para competir a escala global y participar en la economía basada en el conocimiento.

Modernización: las reformas incorporan métodos de enseñanza innovadores, integración de tecnología y alfabetización digital para preparar a los estudiantes para el futuro mercado laboral.

Desafíos en la implementación de reformas educativas

La implementación de reformas educativas puede enfrentar varios desafíos:

Resistencia al cambio : La resistencia de las partes interesadas, incluidos los sindicatos de docentes y las instituciones educativas tradicionales, puede obstaculizar los esfuerzos de reforma.

Restricciones de financiamiento: Se requiere financiamiento adecuado para implementar y sostener reformas educativas de manera efectiva.

Capacitación de docentes: la capacitación adecuada y el desarrollo profesional de los docentes son cruciales para garantizar que estén equipados para impartir el plan de estudios reformado de manera efectiva.

Equilibrar las necesidades locales y nacionales: Lograr un equilibrio entre los estándares educativos nacionales y las variaciones regionales o culturales puede ser un desafío.

Estrategias para reformas educativas efectivas

Para lograr reformas educativas exitosas, se pueden emplear las siguientes estrategias:

Participación inclusiva de las partes interesadas : Involucrar a todas las partes interesadas, incluidos maestros, padres, estudiantes y legisladores, en el proceso de reforma para garantizar la propiedad y el apoyo.

Financiamiento adecuado: Asignar suficientes recursos y financiamiento para apoyar la implementación de reformas, incluida la capacitación de docentes y el desarrollo de infraestructura.

Desarrollo profesional para docentes: invertir en desarrollo profesional continuo para que los docentes mejoren sus habilidades pedagógicas y conocimiento de la materia.

Integración de tecnología: adopte la tecnología en la educación, brindando acceso a recursos y herramientas digitales para mejorar las experiencias de aprendizaje.

Revisión del plan de estudios: revise y actualice regularmente el plan de estudios para alinearlo con las necesidades cambiantes del mercado laboral y la sociedad.

Enfoques basados en datos: use datos para monitorear el progreso y el impacto de las reformas, tomando decisiones basadas en evidencia para mejoras adicionales.

Las reformas educativas son esenciales para dar forma a la era del "Nuevo Poder" en México. Al priorizar la educación de calidad, la participación inclusiva de las partes interesadas y la financiación adecuada, México puede establecer un sistema educativo que empodere a sus ciudadanos y los prepare para los desafíos y oportunidades del futuro. A pesar de los desafíos, un compromiso con la transformación educativa es una inversión en la prosperidad y el desarrollo a largo plazo de México. En la era de "El Nuevo Poder" de 2024, México puede dar pasos audaces hacia la construcción de un sistema educativo que fomente el talento, fomente la innovación y fomente una ciudadanía bien informada, capacitada y comprometida, lista para liderar a la nación hacia un futuro más brillante y próspero. futuro.

EMPODERANDO A LOS JÓVENES PARA UN FUTURO MÁS FUERTE

En la era de "El Nuevo Poder" de 2024, empoderar a los jóvenes se convierte en una estrategia fundamental para dar forma al panorama político de México e impulsar el progreso social y económico. Como el activo más valioso del país, la juventud tiene la clave para la futura prosperidad y el éxito de México. Este capítulo explora la importancia de empoderar a los jóvenes, los desafíos que enfrentan en el proceso y las estrategias requeridas para aprovechar su potencial y construir un futuro más fuerte y dinámico para México.

La importancia del empoderamiento de los jóvenes

Empoderar a los jóvenes es esencial por las siguientes razones:

Agentes de cambio: los jóvenes son catalizadores del cambio positivo, impulsan la innovación y desafían el statu quo.

Dando forma al discurso político: Involucrar a los jóvenes en la política los empodera para dar forma a las agendas políticas y abogar por los temas que les importan.

Crecimiento económico: los jóvenes empoderados contribuyen a la fuerza laboral, el espíritu empresarial y el crecimiento económico, desbloqueando todo el potencial de México.

Inclusión social: el empoderamiento de los jóvenes promueve la inclusión, asegurando que todos los segmentos de la sociedad tengan voz y oportunidades de progreso.

Desafíos en el empoderamiento de la juventud

Si bien el empoderamiento de los jóvenes es crucial, se deben abordar varios desafíos:

Acceso a una educación de calidad: Garantizar que todos los jóvenes tengan acceso a una educación de calidad que los prepare para el mercado laboral y fomente el pensamiento crítico.

Desempleo juvenil: abordar el desempleo y el subempleo juvenil mediante la creación de oportunidades laborales y el apoyo al espíritu empresarial.

Participación Política: Fomentar la participación de los jóvenes en la política y la gobernabilidad, superando la apatía y el desencanto.

Representación de la juventud: Abogar por una mayor representación de la juventud en los órganos de toma de decisiones y las instituciones políticas.

Estrategias para el Empoderamiento Juvenil

Para empoderar a los jóvenes y crear un futuro más sólido, se pueden emplear las siguientes estrategias:

Educación de calidad: Garantizar el acceso a una educación de calidad que fomente el pensamiento crítico, la creatividad y las habilidades relevantes para el mercado laboral.

Creación de empleo y espíritu empresarial: Promover la creación de empleo, particularmente en sectores emergentes, y apoyar el espíritu empresarial de los jóvenes a través de oportunidades de capacitación y financiamiento.

Inclusión de la juventud en la gobernanza: crear plataformas para que los jóvenes participen en los procesos políticos, permitiéndoles influir en las decisiones políticas.

Tutoría y desarrollo de habilidades: establezca programas de tutoría que conecten a los jóvenes con profesionales experimentados y brinden oportunidades de desarrollo de habilidades.

Alfabetización digital: fomentar la alfabetización digital para equipar a los jóvenes con las habilidades digitales necesarias para el mundo moderno.

Defensa de los derechos de los jóvenes: Abogue por los derechos de los jóvenes, incluido el acceso a la atención médica, la educación y las oportunidades de participación cívica.

Empoderar a la juventud es un pilar fundamental de la era "El Nuevo Poder" en México. Al invertir en educación de calidad, creación de empleo e inclusión de jóvenes en el gobierno, México puede aprovechar la energía y la creatividad de su juventud para impulsar el progreso socioeconómico y la transformación política. Abordar los desafíos que enfrentan los jóvenes y brindarles oportunidades y apoyo son inversiones en la futura prosperidad y estabilidad de México. En la era de "El Nuevo Poder" de 2024, México tiene la oportunidad de abrazar a sus jóvenes como agentes de cambio y empoderarlos para construir una nación más fuerte, más inclusiva y dinámica.

PARTICIPACIÓN POLÍTICA Y ELECCIONES

PARTIDOS POLÍTICOS Y DINÁMICA ELECTORAL

En la era de "El Nuevo Poder" de 2024, los partidos políticos y la dinámica electoral juegan un papel crucial en la configuración del panorama político de México. A medida que la nación navega por los desafíos y oportunidades del futuro, comprender las complejidades del sistema de partidos políticos y los procesos electorales es esencial para una gobernabilidad efectiva y la participación ciudadana. Este capítulo explora la importancia de los partidos políticos, la dinámica de las elecciones y el impacto que tienen en la trayectoria política de México.

El papel de los partidos políticos

Los partidos políticos sirven como actores clave en el proceso democrático y la gobernabilidad de México:

Representación: Los partidos políticos representan diversas ideologías, intereses y electorados, dando voz a diferentes segmentos de la sociedad.

Formulación de políticas: las Partes desarrollan agendas y plataformas de políticas que dan forma al panorama de políticas nacionales y regionales.

Selección de candidatos: los partidos políticos nominan candidatos para cargos electos, ofreciendo a los ciudadanos opciones de liderazgo.

Competencia electoral: los partidos participan en la competencia electoral, compitiendo por los votos y el control de las instituciones gubernamentales.

Dinámica Electoral

Comprender la dinámica electoral es vital para comprender la escena política de México:

Participación electoral: el análisis de las tendencias de participación electoral arroja luz sobre el compromiso ciudadano y la participación política.

Alianzas electorales: el examen de las alianzas electorales arroja luz sobre cómo los partidos colaboran para fortalecer sus perspectivas electorales.

Ventaja de la titularidad: Comprender la ventaja de la titularidad ayuda a comprender los desafíos que enfrentan los partidos de oposición.

Datos demográficos de los votantes: el análisis de los datos demográficos de los votantes proporciona información sobre los patrones de votación y el apoyo a los partidos.

Desafíos en la dinámica electoral

Varios desafíos impactan la dinámica electoral en México:

Apatía de los votantes: La apatía de los votantes puede obstaculizar la participación política y debilitar la legitimidad democrática.

Violencia electoral: La violencia electoral representa una amenaza para las elecciones libres y justas y socava los valores democráticos.

Corrupción política: La influencia de la corrupción política en los procesos electorales erosiona la confianza pública en el sistema político.

Influencia de los medios: los sesgos y la desinformación de los medios pueden influir en las opiniones de los votantes y afectar los resultados electorales.

Estrategias para el Fortalecimiento de la Dinámica Electoral

Para mejorar la dinámica electoral, se pueden emplear las siguientes estrategias:

Educación electoral : promover la educación electoral para aumentar la conciencia y el compromiso cívicos.

Reformas electorales: Implementar reformas para abordar la violencia electoral, el financiamiento de campañas y el registro de partidos.

Transparencia y rendición de cuentas: Fomentar la transparencia y la rendición de cuentas para combatir la corrupción política y promover elecciones justas.

Alfabetización mediática: Promover la alfabetización mediática para empoderar a los votantes para evaluar críticamente la información.

En la era de "El Nuevo Poder" de 2024, comprender el papel de los partidos políticos y la dinámica electoral es crucial para el desarrollo político y la gobernabilidad de México. Al fortalecer las instituciones democráticas, alentar la participación de los votantes y abordar los desafíos electorales, México puede construir un sistema político más resistente y receptivo. Un compromiso con las elecciones libres y justas, el discurso político abierto y la participación ciudadana serán fundamentales para dar forma a la trayectoria política de México y fomentar una nación políticamente dinámica, inclusiva y receptiva a las necesidades de sus ciudadanos. En la era de "El Nuevo Poder", México puede surgir como un modelo de excelencia democrática, inspirando un cambio positivo y progreso en los años venideros.

RESUMEN DE LOS PRINCIPALES PARTIDOS POLÍTICOS EN MÉXICO

En la era de "El Nuevo Poder" de 2024, el panorama político de México está conformado por varios partidos políticos importantes, cada uno con sus propias ideologías, agendas y significado histórico. Comprender estos partidos es esencial para comprender la dinámica política de México y las diversas opciones disponibles para los votantes. Este capítulo ofrece una descripción general de los principales partidos políticos en México, profundizando en sus historias, principios clave y roles en la configuración de la gobernabilidad y las políticas de la nación.

Partido Acción Nacional (PAN)

Historia: Fundado en 1939, el PAN surgió inicialmente como un partido conservador y de orientación católica. Con el tiempo, se transformó en un partido de centro-derecha que promovía políticas de libre mercado y libertades individuales.

Principios clave: El PAN aboga por una intervención gubernamental limitada, responsabilidad fiscal y conservadurismo social. Enfatiza los valores familiares e históricamente se ha asociado con las élites empresariales de México.

Rol : El PAN ha sido un actor importante en la política mexicana, ocupando la presidencia durante dos mandatos (2000-2012) con Vicente Fox y Felipe Calderón. También ha controlado varios estados y municipios.

Partido Revolucionario Institucional (PRI)

Historia: El PRI es uno de los partidos más antiguos e históricamente más dominantes de México. Establecido en 1929, dominó la política mexicana durante más de siete décadas.

Principios clave: Inicialmente un partido de centro-izquierda con inclinaciones socialistas, el PRI cambió a una ideología centrista, promoviendo programas sociales y de desarrollo dirigidos por el estado.

Rol : Durante gran parte de su historia, el PRI tuvo un gobierno de partido único y mantuvo la hegemonía política a través de un sistema clientelista. En los últimos años, enfrentó desafíos de los partidos de oposición, pero sigue siendo influyente.

Partido de la Revolución Democrática (PRD)

Historia : Formado en 1989, el PRD surgió de una escisión en el PRI e inicialmente fue un partido de izquierda que abogaba por la justicia social y políticas progresistas.

Principios clave: El PRD es conocido por su defensa de los derechos de los trabajadores, los programas de bienestar social y las reformas democráticas. Su objetivo es contrarrestar la influencia de las élites empresariales.

Rol : El PRD ha sido un importante partido de oposición y ha tenido períodos de influencia a nivel local y estatal.

Morena (Movimiento de Regeneración Nacional)

Historia : Establecido en 2014, Morena es un partido relativamente nuevo fundado por Andrés Manuel López Obrador (AMLO), quien se convirtió en presidente de México en 2018.

Principios clave: Morena adopta principios progresistas y de izquierda, centrándose en la lucha contra la corrupción, la justicia social y el empoderamiento de las comunidades marginadas.

Rol: El rápido ascenso al poder de Morena condujo a su victoria presidencial y control de ambas cámaras del Congreso en 2018. Su objetivo es liderar la transformación de México bajo el liderazgo de AMLO.

En la era de "El Nuevo Poder" de 2024, el panorama político de México se caracteriza por una amplia gama de partidos políticos importantes. Cada partido aporta su historia, ideologías y papel únicos en la configuración del discurso político y la gobernabilidad de la nación. Comprender los principales partidos políticos brinda a los votantes la oportunidad de tomar decisiones informadas y participar activamente en la configuración del futuro de México. La interacción entre estos partidos determinará el curso de la trayectoria política de México y su capacidad para enfrentar los desafíos y aprovechar las oportunidades del futuro. En la era de "El Nuevo Poder", los partidos políticos de México juegan un papel fundamental en la determinación del destino de la nación, por lo que es imperativo mantenerse informado y comprometido con el proceso democrático.

ANÁLISIS DE TENDENCIAS ELECTORALES

En la era de "El Nuevo Poder" de 2024, analizar las tendencias electorales es crucial para comprender la evolución de la dinámica política en México. Examinar los patrones electorales pasados y las tendencias emergentes proporciona información valiosa sobre el comportamiento de los votantes, el desempeño de los partidos y las preferencias cambiantes del electorado. Este capítulo profundiza en el análisis de las tendencias electorales en México, explorando los factores que han influido en los resultados electorales y las implicaciones para el panorama político del país.

Cambio en la demografía de votantes

El análisis de los cambios en la demografía de los votantes arroja luz sobre las cambiantes lealtades políticas:

Voto de los jóvenes: La creciente influencia del voto de los jóvenes, impulsada por cuestiones como la educación, el empleo y la justicia social, puede influir en los resultados de las elecciones.

Brecha urbano-rural: La disparidad entre áreas urbanas y rurales en términos de acceso a recursos y oportunidades influye en los patrones de votación.

Dinámica de género: La creciente importancia de las mujeres votantes y las políticas relacionadas con el género en las elecciones tiene implicaciones significativas para los partidos políticos.

Aumento del sentimiento anti-titularidad

La insatisfacción de los votantes con los gobiernos en ejercicio ha llevado a un aumento en el sentimiento anti-incumbencia:

Corrupción y gobernabilidad: La frustración pública con la corrupción y la gobernabilidad ineficaz ha alimentado el apoyo a los partidos de oposición.

Desempeño económico: La percepción de los votantes sobre el manejo de la economía por parte del gobierno puede afectar significativamente los resultados electorales.

Preocupaciones de seguridad: abordar los problemas de delincuencia y seguridad es una prioridad principal para los votantes, y las respuestas de los partidos a estas preocupaciones pueden influir en los resultados de las elecciones.

Impacto de las Redes Sociales y las Plataformas Digitales

No se puede pasar por alto el papel de las redes sociales y las plataformas digitales en la configuración del discurso político y la movilización de votantes:

Influencia en la opinión pública: las redes sociales se han convertido en una herramienta poderosa para dar forma a la opinión pública e impulsar las narrativas políticas.

Campañas en línea: la eficacia de los partidos en el uso de plataformas digitales para hacer campaña puede influir en la participación y participación de los votantes.

Desinformación y desinformación: La difusión de desinformación y desinformación en las redes sociales puede afectar las percepciones y decisiones de los votantes.

Alianzas Electorales y Construcción de Coaliciones

Las estrategias de los partidos para formar alianzas electorales pueden tener un impacto significativo en los resultados de las elecciones:

Fuerza en la unidad: los partidos que forman alianzas pueden aunar sus recursos y ampliar su atractivo para el electorado.

Compatibilidad ideológica: alinearse con partidos de ideas afines puede reforzar una agenda común y atraer una base de votantes más amplia.

Impacto regional: las alianzas electorales pueden tener un impacto variable en diferentes regiones, lo que lleva a resultados localizados.

En la era "El Nuevo Poder" de 2024, comprender las tendencias electorales es vital para anticipar la trayectoria política y la gobernabilidad de México. El análisis de la demografía de los votantes, el sentimiento contrario a la titularidad, el papel de las redes sociales y las alianzas electorales proporciona información valiosa para los partidos políticos, los legisladores y los ciudadanos. Al mantenerse en sintonía con las tendencias electorales, México puede navegar el panorama político cambiante de manera más efectiva y fortalecer sus procesos democráticos. Las decisiones que tomen los partidos y los votantes en respuesta a estas tendencias darán forma al futuro político de la nación y determinarán su capacidad para enfrentar los desafíos y aprovechar las oportunidades. En la era de "El Nuevo Poder", estar al tanto de las tendencias electorales empodera a México para avanzar con opciones informadas y excelencia democrática.

PROCESOS ELECTORALES Y PARTICIPACIÓN DE LOS VOTANTES

En la era de "El Nuevo Poder" de 2024, los procesos electorales y la participación de los votantes son fundamentales para la fortaleza y vitalidad de la democracia mexicana. Un sistema electoral que funcione bien y la participación ciudadana activa son esenciales para garantizar una representación justa y un gobierno que refleje la voluntad del pueblo. Este capítulo explora los procesos electorales en México, los desafíos que se enfrentan para fomentar la participación de los votantes y las estrategias necesarias para promover un electorado más comprometido y participativo.

Procesos Electorales en México

Registro de votantes: comprender el proceso de registro de votantes y garantizar una lista de votantes inclusiva y actualizada es vital para un sistema electoral justo y transparente.

Comisiones Electorales: El papel de las comisiones electorales, como el Instituto Nacional Electoral (INE), en la organización de elecciones, velando por su integridad y resolución de controversias.

Campañas electorales: análisis de las normas y reglamentos que rigen las campañas electorales, el financiamiento de campañas y el acceso a los medios para los partidos políticos.

Procedimientos el día de las elecciones: examinar el proceso de votación, la seguridad de las boletas y los mecanismos para garantizar la integridad de los resultados de las elecciones.

Desafíos en la participación de los votantes

Apatía de los votantes: Abordar la apatía y la falta de compromiso de los votantes, particularmente entre las poblaciones jóvenes y marginadas.

Desinformación e información errónea: abordar la difusión de información falsa que puede influir en las decisiones de los votantes.

Inclusividad : Asegurar que todos los votantes elegibles, incluidos aquellos en áreas remotas y marginadas, tengan acceso a las urnas.

Educación electoral: promover la educación electoral para aumentar la conciencia cívica y la comprensión del proceso electoral.

Estrategias para promover la participación de los votantes

Campañas de Educación al Votante: Lanzar campañas de educación al votante para informar a los ciudadanos sobre sus derechos de voto, el proceso electoral y la importancia de su participación.

Mejorar el compromiso digital: aprovechar las plataformas digitales y las redes sociales para llegar a un público más amplio e interactuar con él.

Educación cívica en las escuelas: incorporar la educación cívica en los planes de estudios escolares para inculcar un sentido de responsabilidad cívica y ciudadanía activa desde una edad temprana.

Fomentar la participación de los jóvenes: crear iniciativas y plataformas amigables para los jóvenes para alentar la participación de los jóvenes en el proceso electoral.

Programas de alcance de votantes: Implementar programas de alcance de votantes para llegar a las comunidades marginadas y garantizar que se escuchen sus voces.

En la era de "El Nuevo Poder" de 2024, los procesos electorales y la participación de los votantes son pilares fundamentales del progreso democrático de México. Al fomentar procesos electorales transparentes e inclusivos, abordar la apatía de los votantes y promover la educación electoral y el compromiso digital, México puede crear un electorado más comprometido y participativo. Un compromiso con la participación ciudadana y el compromiso cívico activo fortalecerá la base democrática de México y garantizará que el gobierno sea verdaderamente representativo de la voluntad del pueblo. En la era de "El Nuevo Poder", México tiene la oportunidad de revitalizar sus procesos electorales y empoderar a los ciudadanos para que sean participantes activos en la configuración del futuro de la nación.

COMPRENDER LAS ELECCIONES MEXICANAS Y SU SIGNIFICADO

En la era de "El Nuevo Poder" de 2024, las elecciones mexicanas tienen una importancia significativa para dar forma a la trayectoria política del país y determinar el curso de su gobierno. Comprender el proceso electoral, desde la dinámica de la campaña hasta el impacto de los resultados electorales, es esencial tanto para los ciudadanos como para los actores políticos y los encargados de formular políticas. Este capítulo explora la importancia de las elecciones mexicanas, la mecánica del proceso electoral y las implicaciones de los resultados electorales en el panorama político de la nación.

El Sistema Electoral en México

La Presidencia: México sigue un sistema presidencial, donde el Presidente es tanto el jefe de estado como el jefe de gobierno, cumpliendo un solo mandato de seis años sin posibilidad de reelección.

Congreso: El Congreso mexicano consta de dos cámaras: el Senado (con 128 escaños) y la Cámara de Diputados (con 500 escaños). Los miembros de ambas cámaras son elegidos a través de un sistema de representación proporcional de miembros mixtos.

Elecciones locales: además de las elecciones federales, México celebra elecciones locales periódicas para elegir gobernadores estatales, alcaldes y representantes locales.

Campañas y Partidos Políticos

Partidos políticos: una descripción general de los principales partidos políticos y sus ideologías, así como sus funciones en las campañas electorales y la gobernabilidad.

Financiamiento de campañas: las normas y reglamentos que rigen el financiamiento de campañas y el impacto del dinero en la política.

Estrategias de campaña: las tácticas empleadas por los partidos políticos y los candidatos para movilizar apoyo y ganar votos.

Participación y participación electoral

Tendencias de participación electoral: análisis de patrones históricos de participación electoral y los factores que influyen en la participación electoral.

Demografía de los votantes: comprender cómo la edad, el género y los factores regionales afectan la participación electoral.

Monitoreo y Transparencia Electoral

Observadores electorales: el papel de los observadores electorales nacionales e internacionales para garantizar elecciones libres y justas.

Transparencia y Rendición de Cuentas: La importancia de la transparencia en el proceso electoral para mantener la confianza pública.

Implicaciones de los resultados electorales

Formación de Gobierno: El proceso de formación de un gobierno después de una elección y el potencial para gobiernos de coalición.

Prioridades políticas: cómo los resultados electorales influyen en las agendas políticas y las prioridades gubernamentales.

Legitimidad democrática: El impacto de los resultados electorales en la legitimidad del gobierno y las instituciones democráticas.

En la era de "El Nuevo Poder" de 2024, comprender las elecciones mexicanas es fundamental para una ciudadanía activa y una toma de decisiones informada. Al comprender la mecánica del proceso electoral, reconocer la importancia de la participación de los votantes y comprender las implicaciones de los resultados electorales, los ciudadanos pueden participar activamente en la configuración de la gobernabilidad de la nación. Además, la transparencia y la rendición de cuentas en el sistema electoral contribuyen a fortalecer la base democrática de México. En la era de "El Nuevo Poder", las elecciones de México sirven como plataforma para las voces de los ciudadanos, dando forma al futuro de la nación y fomentando un panorama político receptivo e inclusivo.

FACTORES QUE INFLUYEN EN LA PARTICIPACIÓN Y EL COMPORTAMIENTO DE LOS VOTANTES

En la era de "El Nuevo Poder" de 2024, comprender los factores que influyen en la participación y el comportamiento de los votantes es crucial para fomentar un electorado comprometido y participativo en México. La participación de los votantes es una piedra angular de la democracia, y la identificación de los impulsores y las barreras para la participación electoral proporciona información valiosa para los partidos políticos, los legisladores y los ciudadanos. Este capítulo explora los factores clave que impactan la participación y el comportamiento de los votantes, arrojando luz sobre cómo dan forma al panorama político de México.

Factores socioeconómicos

Ingresos y educación: los niveles más altos de educación e ingresos tienden a correlacionarse con una mayor participación electoral, ya que es más probable que las personas con más recursos estén políticamente informadas y motivadas para votar.

Situación laboral: la disponibilidad de tiempo y la flexibilidad en los horarios de trabajo pueden influir en la capacidad de una persona para votar el día de las elecciones.

Ubicación geográfica: los votantes en áreas rurales o remotas pueden enfrentar desafíos logísticos para acceder a los colegios electorales, lo que afecta su participación electoral.

Factores demográficos

Edad: los votantes más jóvenes a menudo tienen tasas de participación más bajas en comparación con los grupos de mayor edad, aunque los esfuerzos para involucrar a los jóvenes pueden tener un impacto positivo en su participación.

Género: la dinámica de género puede influir en el comportamiento electoral, ya que las mujeres y los hombres a veces muestran diferentes preferencias y prioridades.

Etnicidad y cultura: los factores culturales pueden desempeñar un papel en la configuración del comportamiento de los votantes, con patrones de votación distintos en diferentes comunidades étnicas o culturales.

Contexto político y dinámica de campaña

Titularidad: El comportamiento de los votantes puede verse influido por el desempeño y la popularidad de los titulares, lo que lleva a un sentimiento contrario a la titularidad o al apoyo a la continuidad.

Llamamientos de campaña: los mensajes, las promesas y las estrategias de las campañas políticas pueden influir en las preferencias de los votantes y movilizar apoyo.

Medios y redes sociales: la influencia de los medios y las redes sociales en la configuración de las percepciones de los votantes y el discurso político.

Reglas Electorales y Accesibilidad

Registro de Votantes: Un proceso de registro de votantes eficiente y accesible es esencial para asegurar la inclusión de los ciudadanos en el proceso electoral.

Ubicaciones de los colegios electorales: la proximidad y la accesibilidad de los colegios electorales pueden afectar la participación de los votantes, particularmente en áreas remotas o marginadas.

Métodos de votación: la facilidad de los métodos de votación, como la votación en persona, la votación por correo o la votación electrónica, puede influir en las tasas de participación.

Compromiso cívico y normas sociales

Educación cívica: la educación cívica y la importancia de la participación política pueden alentar a los ciudadanos a participar más políticamente.

Normas sociales e influencia de los compañeros: Las presiones sociales y la influencia de amigos, familiares o miembros de la comunidad pueden afectar el comportamiento de los votantes.

En la era de "El Nuevo Poder" de 2024, reconocer los factores que influyen en la participación y el comportamiento de los votantes empodera a México para fortalecer su base democrática. Al abordar las disparidades socioeconómicas, involucrar a los jóvenes y las comunidades marginadas y promover la educación cívica, México puede mejorar la participación de los votantes y crear un panorama político más inclusivo y representativo. Además, comprender la dinámica de las campañas políticas, la influencia de los medios y la accesibilidad electoral contribuye a fomentar un electorado informado y comprometido. En la era de "El Nuevo Poder", México tiene la oportunidad de aprovechar el potencial de sus ciudadanos, asegurando que sus voces sean escuchadas y que sus elecciones den forma al futuro de la nación.

DANDO FORMA AL PAPEL DE MÉXICO EN EL ESCENARIO GLOBAL

POLÍTICA EXTERIOR Y DIPLOMACIA

En la era de "El Nuevo Poder" de 2024, la política exterior y la diplomacia de México juegan un papel crucial en la configuración de la posición de la nación en la arena global. A medida que el mundo se vuelve cada vez más interconectado, México enfrenta desafíos y oportunidades al navegar las relaciones internacionales. Este capítulo explora el enfoque de México en política exterior, los desafíos clave que enfrenta y las oportunidades que puede aprovechar para promover sus intereses en el escenario global.

Principios de la Política Exterior de México

No Intervención: México defiende el principio de no intervención, abogando por la resolución pacífica de los conflictos y respetando la soberanía de otras naciones.

Multilateralismo: México enfatiza los enfoques multilaterales ante los desafíos globales, participando activamente en organismos y foros internacionales.

Libre Comercio e Integración Económica: México busca fortalecer los lazos económicos y las relaciones comerciales a través de acuerdos como el Tratado México-Estados Unidos-Canadá (T-MEC) y la participación en bloques económicos regionales.

Promoción de los derechos humanos: México aboga por los derechos humanos y la inclusión en foros internacionales, expresando preocupaciones sobre temas como la migración y los refugiados.

Desafíos en las Relaciones Internacionales

Seguridad y delincuencia transnacional: Abordar la delincuencia transnacional, el narcotráfico y los problemas de seguridad siguen siendo desafíos importantes para México en sus relaciones con los países vecinos y más allá.

Inmigración y relaciones fronterizas: la gestión de los flujos de inmigración y el mantenimiento de relaciones fronterizas equilibradas con los Estados Unidos presentan complejidades constantes.

Cambio Climático y Asuntos Ambientales: Como ciudadano global responsable, México enfrenta el desafío de abordar el cambio climático y promover el desarrollo sostenible.

Diversificación económica: buscar diversificar los socios comerciales y de inversión frente a las incertidumbres económicas y los cambios geopolíticos.

Oportunidades en el escenario global

Diplomacia económica: aprovechar las alianzas económicas para impulsar el crecimiento, atraer inversión extranjera y promover bienes y servicios mexicanos en el extranjero.

Soft Power: promover la cultura, las artes y las tradiciones mexicanas como una forma de soft power para construir puentes y fomentar la cooperación internacional.

Liderazgo Climático: Demostrar liderazgo para abordar el cambio climático y posicionar a México como un actor global en el desarrollo sostenible.

Integración Regional: Comprometerse de manera proactiva con los países de América Latina y el Caribe para fortalecer la cooperación regional y fomentar objetivos de desarrollo comunes.

En la era de "El Nuevo Poder" de 2024, la política exterior y la diplomacia de México son cruciales para dar forma a la posición de la nación en el escenario mundial. Al adherirse a sus principios de no intervención y multilateralismo, México puede contribuir activamente a la cooperación internacional y la paz. Abordar los desafíos en materia de seguridad, inmigración y sostenibilidad ambiental requerirá esfuerzos diplomáticos estratégicos. Además, aprovechar las oportunidades en la diplomacia económica, la promoción del poder blando y la integración regional puede mejorar la influencia global de México y contribuir a su prosperidad y estabilidad. En la era de "El Nuevo Poder", México tiene la oportunidad de definir su rol en el mundo, proyectándose como un actor global comprometido y responsable en la búsqueda de un futuro próspero y armónico.

EL ENFOQUE DE MÉXICO EN LAS RELACIONES INTERNACIONALES

La política exterior de México es un aspecto esencial de su panorama político, moldea sus interacciones con la comunidad internacional e influye en su posición en los asuntos globales. Este capítulo profundiza en el enfoque de México hacia las relaciones internacionales, destacando sus principios, objetivos y desafíos clave. Al comprender la participación de México en el escenario mundial, podemos obtener información sobre cómo la nación navega las complejidades de la arena global.

Principios de política exterior

En el centro del enfoque de México a las relaciones internacionales hay un conjunto de principios fundamentales que guían sus acciones en el escenario global:

No intervención

La no intervención es un pilar de la política exterior mexicana. México mantiene el principio de respetar la soberanía y los asuntos internos de otras naciones, promover la convivencia pacífica y abstenerse de injerencia en los asuntos internos de otros estados.

Resolución de disputas a través del diálogo

México prioriza el diálogo diplomático y la resolución pacífica de conflictos. Busca resolver las disputas a través de la negociación, la mediación y los foros multilaterales, fomentando la estabilidad y la cooperación regional.

Derecho Internacional y Derechos Humanos

México está comprometido con la defensa del derecho internacional, los derechos humanos y el estado de derecho en sus relaciones con otras naciones. Participa activamente en los mecanismos internacionales de derechos humanos y aboga por el respeto de los derechos humanos a nivel mundial.

Multilateralismo y Cooperación

Como impulsor del multilateralismo, México valora la cooperación y colaboración con organismos regionales e internacionales. Participa activamente en foros como las Naciones Unidas, la Organización de los Estados Americanos (OEA) y la Comunidad de Estados Latinoamericanos y Caribeños (CELAC) para abordar desafíos compartidos.

Promoción de la Paz y la Seguridad

México se esfuerza por promover la paz y la seguridad a nivel mundial. Apoya iniciativas destinadas a la prevención de conflictos, el desarme y los esfuerzos antiterroristas.

Prioridades en Relaciones Internacionales

La política exterior de México se enfoca en varias prioridades clave que se alinean con sus intereses y valores nacionales:

Comercio y Relaciones Económicas

México es un defensor del libre comercio y ha seguido una política comercial abierta y liberal. La nación participa activamente en acuerdos comerciales internacionales, incluido el Acuerdo Estados Unidos-México-Canadá (USMCA) y acuerdos comerciales con varios países de América Latina y Asia.

Migración y Cooperación Fronteriza

Dada su proximidad geográfica con Estados Unidos y Centroamérica, México otorga una importancia significativa a la migración y la cooperación fronteriza. Trabaja para abordar cuestiones relacionadas con los flujos migratorios, la trata de personas y la seguridad fronteriza, al mismo tiempo que promueve una migración segura y ordenada.

Agenda Ambiental y de Cambio Climático

Como actor global responsable, México se compromete a enfrentar los desafíos ambientales y el cambio climático. Participa en los esfuerzos internacionales para combatir el cambio climático, proteger la biodiversidad y promover el desarrollo sostenible.

Asistencia Humanitaria y Desarrollo Global

México participa activamente en la asistencia humanitaria y las iniciativas de desarrollo global, apoyando a los países en crisis y contribuyendo a los esfuerzos de desarrollo internacional.

Retos y oportunidades

México enfrenta varios desafíos en sus relaciones internacionales:

Tensiones comerciales e incertidumbre económica

Las tensiones comerciales y las incertidumbres económicas en el ámbito mundial pueden afectar la economía de México, dados sus estrechos vínculos con socios comerciales internacionales como Estados Unidos.

Delincuencia Transnacional y Narcotráfico

El crimen transnacional, incluido el narcotráfico y el crimen organizado, plantea desafíos de seguridad para México y requiere la cooperación con otras naciones para abordarlo de manera efectiva.

Integración Regional y Migración

Fortalecer la integración regional y abordar los desafíos migratorios requiere la cooperación con los países vecinos y las organizaciones regionales.

Equilibrio de asociaciones globales

México busca equilibrar su compromiso con varias potencias globales y organizaciones internacionales para mantener su soberanía e independencia en la toma de decisiones.

El enfoque de México en las relaciones internacionales está conformado por sus principios fundamentales de no intervención, resolución pacífica de conflictos y apego al derecho internacional. Mientras navega por las complejidades del escenario global, México se esfuerza por promover la paz, la seguridad y la cooperación mientras aborda los desafíos relacionados con el comercio, la migración y los problemas transnacionales. Al mantener una política exterior equilibrada y de principios, México busca construir un mundo más próspero y estable para sus ciudadanos y la comunidad internacional.

DESAFÍOS Y OPORTUNIDADES EN EL ESCENARIO GLOBAL

A medida que México adopta la era "The New Power 2024", su participación en el escenario mundial presenta una gran cantidad de desafíos y oportunidades. Este capítulo explora las complejidades de las interacciones de México con la comunidad internacional, centrándose en los desafíos clave que enfrenta y las oportunidades potenciales que puede aprovechar para dar forma a su futuro en el escenario mundial.

Desafíos económicos y globalización

Reto: La economía de México está profundamente integrada en el mercado global, lo que la hace vulnerable a las fluctuaciones en el panorama económico global. Los desafíos económicos, como las tensiones comerciales, las medidas proteccionistas y las fluctuaciones monetarias, pueden afectar las industrias orientadas a la exportación de México y la inversión extranjera directa.

Oportunidad: Adoptar la innovación, invertir en investigación y desarrollo y diversificar las asociaciones comerciales puede permitir que México supere los desafíos económicos y aproveche los beneficios de la globalización. Al promover el espíritu empresarial y apoyar a las pequeñas y medianas empresas, México puede fomentar la resiliencia económica y la competitividad.

Cambio Climático y Sostenibilidad Ambiental

Desafío: México enfrenta desafíos ambientales, incluidos el cambio climático, la deforestación y la contaminación. Como actor global responsable, debe abordar las consecuencias de la degradación ambiental y contribuir a los esfuerzos internacionales para combatir el cambio climático.

Oportunidad: México puede aprovechar la oportunidad para liderar la sustentabilidad ambiental. Mediante la implementación de políticas ambientales sólidas, la promoción de fuentes de energía renovable y la participación en negociaciones climáticas globales, México puede desempeñar un papel fundamental en la configuración de la agenda climática internacional.

Migración y Seguridad Fronteriza

Desafío: La proximidad de México a los Estados Unidos y Centroamérica lo convierte en un país de tránsito crítico para los migrantes que buscan mejores oportunidades. La gestión de los flujos migratorios y el abordaje de las causas profundas de la migración presentan desafíos importantes.

Oportunidad: Al fomentar el diálogo y la cooperación con los países vecinos, México puede trabajar hacia soluciones migratorias integrales. Puede abogar por un sistema migratorio humano y ordenado al mismo tiempo que aborda las necesidades de los migrantes y protege sus derechos humanos.

Dinámicas Geopolíticas y Cooperación Regional

Desafío: México debe navegar dinámicas geopolíticas complejas y tensiones regionales. Lograr un equilibrio entre sus relaciones con varias potencias globales y participar en la cooperación regional es esencial para proteger sus intereses y soberanía.

Oportunidad: Al participar activamente en organismos regionales, como la CELAC y la Alianza del Pacífico, México puede contribuir a la estabilidad y cooperación regional. Construir puentes con los países vecinos y fortalecer la integración regional puede crear oportunidades para la prosperidad compartida.

Seguridad y Delincuencia Transnacional

Desafío: El crimen transnacional, el narcotráfico y el crimen organizado presentan importantes desafíos de seguridad para México. Abordar estos problemas requiere una sólida cooperación internacional e intercambio de inteligencia.

Oportunidad: Al colaborar con otras naciones y organizaciones internacionales, México puede mejorar sus capacidades de seguridad y enfrentar el crimen transnacional de manera más efectiva. También puede promover el desarrollo social y económico para abordar las causas profundas de las actividades delictivas.

Asistencia Humanitaria y Desarrollo Global

Desafío: Como actor global responsable, México enfrenta el desafío de brindar asistencia humanitaria a países en crisis y contribuir a los esfuerzos de desarrollo global a pesar de sus propias prioridades internas.

Oportunidad: Al aprovechar su experiencia en respuesta a desastres y asistencia para el desarrollo, México puede aumentar sus contribuciones humanitarias y desempeñar un papel en la configuración de políticas internacionales de desarrollo. Asociarse con organizaciones internacionales y fomentar la cooperación Sur-Sur puede maximizar su impacto.

A medida que México adopta "El Nuevo Poder 2024", enfrenta un conjunto diverso de desafíos y oportunidades en el escenario global. Al adoptar un enfoque proactivo y de principios en las relaciones internacionales, México puede sortear los desafíos y aprovechar las oportunidades para dar forma a su destino en el escenario mundial. Como actor global responsable, las acciones de México pueden inspirar un cambio positivo, fomentar la cooperación regional y contribuir a la construcción de un mundo más próspero y pacífico para todos.

ASOCIACIONES COMERCIALES Y ECONÓMICAS

En la era "The New Power" de 2024, las asociaciones comerciales y económicas juegan un papel fundamental en la configuración del crecimiento económico y la posición internacional de México. Como país estratégicamente ubicado entre América del Norte y América del Sur, México ha emergido como un jugador global en comercio e inversión. Este capítulo explora el enfoque comercial de México, sus asociaciones económicas y las oportunidades y desafíos que enfrenta en una economía global dinámica.

Relaciones Comerciales y Acuerdos

Acuerdo Estados Unidos-México-Canadá (USMCA): analizando la importancia del USMCA para fomentar la integración comercial en América del Norte y su impacto en la economía mexicana.

Acuerdos Comerciales Regionales: Evaluación de la participación de México en bloques comerciales regionales como la Alianza del Pacífico y sus implicaciones para el crecimiento económico.

Relaciones comerciales bilaterales: examen de las relaciones comerciales bilaterales clave con países como China, la Unión Europea y otras naciones latinoamericanas.

Diversificación de asociaciones comerciales

Reducción de la dependencia: exploración de los esfuerzos de México para diversificar sus asociaciones comerciales a fin de reducir la dependencia de unos pocos socios comerciales importantes.

Fortalecimiento de los lazos con los mercados emergentes: evaluación de oportunidades para mejorar el comercio y la inversión con las economías emergentes de Asia, África y Oriente Medio.

Integración Económica en América Latina

Alianza del Pacífico: Comprender el papel de la Alianza del Pacífico en la promoción de la integración económica y la cooperación entre sus países miembros.

ProMéxico : Analizando el papel de ProMéxico en la promoción de la inversión extranjera y la facilitación de oportunidades comerciales para las empresas mexicanas en el extranjero.

Desafíos y oportunidades en la economía global

Interrupciones de la cadena de suministro global: abordar los desafíos planteados por las interrupciones en las cadenas de suministro globales, como durante la pandemia de COVID-19.

Avances tecnológicos: aprovechar las innovaciones tecnológicas para impulsar la competitividad económica y fomentar el comercio digital.

Desarrollo Sostenible: Equilibrar el crecimiento económico con prácticas sostenibles para promover el comercio ambientalmente responsable.

Fortalecimiento de la resiliencia económica

Reformas Económicas: Analizar la importancia de las reformas económicas para mejorar la competitividad y atraer inversión extranjera directa.

Inversión en capital humano: invertir en educación, desarrollo de habilidades e investigación para fomentar una fuerza laboral calificada e impulsar la innovación.

PYME y crecimiento inclusivo: apoyo a las pequeñas y medianas empresas (PYME) para fomentar el crecimiento económico inclusivo y la prosperidad.

En la era de "El Nuevo Poder" de 2024, las asociaciones comerciales y económicas de México son fundamentales para la prosperidad económica de la nación y su posición mundial. Adoptar la integración regional y la diversificación de las asociaciones comerciales permitirá a México aprovechar las oportunidades en una economía global que cambia rápidamente. Abordar los desafíos en las interrupciones de la cadena de suministro y promover prácticas sostenibles mejorará la resiliencia económica y la competitividad. Al fortalecer los lazos económicos con los mercados emergentes e invertir en capital humano, México puede posicionarse como un jugador dinámico e influyente en la economía global. En la era de "El Nuevo Poder", México tiene la oportunidad de dar forma a su destino económico, aprovechando el comercio y las alianzas para impulsar el crecimiento sostenible y la prosperidad de su gente.

IMPACTO DE LOS TRATADOS COMERCIALES EN LA ECONOMÍA DE MÉXICO

En la era de "El Nuevo Poder" de 2024, los acuerdos comerciales han jugado un papel fundamental en la configuración del panorama económico de México. Como nación profundamente integrada a la economía global, los acuerdos comerciales de México han tenido un profundo impacto en su crecimiento económico, desarrollo industrial y competitividad internacional. Este capítulo explora la importancia de los acuerdos comerciales para la economía de México, analizando los beneficios y desafíos que traen a varios sectores y al bienestar económico general de la nación.

El Acuerdo Estados Unidos-México-Canadá (USMCA)

Modernización del TLCAN: comprensión de cómo el T-MEC reemplazó al Tratado de Libre Comercio de América del Norte (TLCAN) y los cambios que trajo consigo.

Impacto en los flujos comerciales: análisis de los efectos del USMCA en los volúmenes comerciales, los aranceles y el acceso al mercado para los productos mexicanos.

Reglas de origen: exploración de las reglas de origen y sus implicaciones para los sectores automotriz y manufacturero.

Acuerdos Comerciales Regionales

La Alianza del Pacífico: Evaluando los beneficios de la participación de México en la Alianza del Pacífico y las oportunidades que crea para una mayor integración regional.

CPTPP : Entender la participación de México en el Tratado Integral y Progresista de Asociación Transpacífico (CPTPP) y su impacto potencial en la diversificación comercial.

Impactos en el sector económico

Agricultura: Análisis de los efectos de los acuerdos comerciales en el sector agrícola de México, incluidos los desafíos que enfrentan los pequeños agricultores.

Industrias manufactureras y automotrices: exploración del impacto de los acuerdos comerciales en los sectores manufacturero y automotriz de México, así como el crecimiento de las cadenas de suministro.

Servicios y Comercio Digital: Evaluar cómo los acuerdos comerciales facilitan el comercio de servicios y el comercio digital, contribuyendo a la economía orientada a servicios de México.

Inversión Extranjera Directa (IED)

Entradas de inversión: análisis del impacto de los acuerdos comerciales en la atracción de inversión extranjera directa a México.

Oportunidades y desafíos: comprender cómo los acuerdos comerciales pueden crear oportunidades para las empresas nacionales al tiempo que presentan desafíos para las industrias locales.

Crecimiento Económico y Competitividad

Crecimiento del PIB : examen de la correlación entre los acuerdos comerciales y el crecimiento económico general de México.

Competitividad Mejorada: Evaluar cómo los acuerdos comerciales han contribuido a mejorar la competitividad de México en el mercado global.

Implicaciones socioeconómicas

Empleo: Análisis de los efectos de los acuerdos comerciales sobre el empleo, la creación de puestos de trabajo y los mercados laborales.

Desigualdad de ingresos: abordar el impacto de los acuerdos comerciales en la distribución y la desigualdad de ingresos.

En la era de "El Nuevo Poder" de 2024, los acuerdos comerciales continúan dando forma a la fortuna económica de México y la integración global. El USMCA y otros acuerdos comerciales regionales han abierto nuevas oportunidades para el comercio, la inversión y el crecimiento económico. Si bien estos acuerdos han traído numerosos beneficios, también presentan desafíos, particularmente en ciertos sectores económicos y dimensiones socioeconómicas. Al aprovechar estratégicamente los acuerdos comerciales, México puede mejorar aún más su competitividad económica y su prosperidad. En la era de "El Nuevo Poder", México tiene la oportunidad de navegar por las complejidades de la economía global, aprovechando los beneficios de los acuerdos comerciales para impulsar un crecimiento inclusivo y sostenible para el mejoramiento de su gente y de la nación en su conjunto.

FORTALECIMIENTO DE LOS ACUERDOS BILATERALES Y

RELACIONES MULTILATERALES

En la era de "El Nuevo Poder" de 2024, fortalecer las relaciones bilaterales y multilaterales es crucial para el papel de México en la arena global. A medida que el mundo se vuelve más interconectado, los lazos diplomáticos sólidos con otras naciones y la participación activa en organizaciones internacionales son esenciales para promover los intereses de México y enfrentar los desafíos globales. Este capítulo explora el enfoque de México para mejorar sus relaciones bilaterales y multilaterales, enfocándose en las oportunidades y beneficios que tales colaboraciones pueden traer.

Diplomacia Bilateral

Estados Unidos: Analizar la importancia de la relación de México con Estados Unidos y las áreas potenciales de colaboración.

Canadá : Entender la importancia de los vínculos bilaterales de México con Canadá y las oportunidades de alianzas económicas.

Socios Latinoamericanos : Explorando las relaciones de México con otros países latinoamericanos y el potencial para la cooperación regional.

Unión Europea: Evaluación del compromiso de México con la Unión Europea y las oportunidades de comercio e inversión.

Diplomacia Multilateral

Organización de las Naciones Unidas (ONU): El compromiso de México con la ONU y su papel en las iniciativas globales por la paz, el desarrollo y los derechos humanos.

Organización Mundial del Comercio (OMC): Análisis de la participación de México en la OMC y sus esfuerzos para promover el libre comercio y resolver disputas comerciales.

G20 y otros foros: comprender el papel de México en foros internacionales como el G20 y su contribución a la gobernanza económica mundial.

Promoción de la cooperación internacional

Cambio Climático y Desarrollo Sustentable : Los esfuerzos de México para colaborar con otras naciones en el abordaje del cambio climático y la promoción de objetivos de desarrollo sustentable.

Seguridad y Crimen Transnacional : Explorando la cooperación de México con otros países para combatir el crimen transnacional y garantizar la seguridad regional.

Asistencia Humanitaria: Análisis de las contribuciones de México a los esfuerzos humanitarios y de socorro en casos de desastre en colaboración con otras naciones.

Diplomacia Económica

Promoción de Inversiones : Estrategias para la atracción de inversión extranjera y la promoción de México como un destino atractivo para la inversión.

Acceso al mercado: negociación de acuerdos comerciales y eliminación de barreras para facilitar el acceso al mercado de productos y servicios mexicanos.

Poder Blando y Diplomacia Cultural

Promoción de la cultura mexicana: utilizar la diplomacia cultural para mejorar el poder blando de México y construir puentes con otras naciones.

Intercambios educativos y científicos : promover los intercambios educativos y científicos para fomentar la cooperación internacional y el intercambio de conocimientos.

En la era de "El Nuevo Poder" de 2024, fortalecer las relaciones bilaterales y multilaterales es esencial para la prosperidad y la influencia de México en la comunidad global. Al fomentar lazos diplomáticos sólidos con socios clave, participar activamente en foros multilaterales y colaborar en desafíos comunes, México puede promover sus intereses económicos, políticos y sociales. La promoción de la cooperación internacional, la diplomacia económica y el intercambio cultural mejorará el poder blando de México y consolidará su posición como un actor global activo y responsable. En la era de "El Nuevo Poder", México tiene la oportunidad de construir alianzas y asociaciones sólidas, trabajando por un mundo más interconectado y armonioso.

EL NUEVO PODER EN ACCIÓN MOVIMIENTOS DE BASE E INICIATIVAS DE LA SOCIEDAD CIVIL

En la era de "El Nuevo Poder" de 2024, los movimientos de base y las iniciativas de la sociedad civil han emergido como poderosos agentes de cambio en el panorama político de México. Estos movimientos, impulsados por ciudadanos apasionados y organizaciones no gubernamentales, abogan por diversas causas sociales, ambientales y políticas. Este capítulo profundiza en la importancia de los movimientos de base y las iniciativas de la sociedad civil, su impacto en la configuración de las políticas públicas y su papel en el fomento de una democracia inclusiva y participativa.

El auge de los movimientos de base

Movimientos sociales: analizando el surgimiento de movimientos sociales que abogan por los derechos humanos, la igualdad de género, los derechos indígenas y la justicia social.

Activismo ambiental : comprender el papel de los movimientos ambientales para abordar el cambio climático, la conservación y la sostenibilidad.

Activismo estudiantil : exploración de la influencia de los movimientos estudiantiles en la reforma educativa, el empoderamiento de los jóvenes y la participación política.

Iniciativas de la sociedad civil

Sector de ONG: Evaluación de las contribuciones de las organizaciones no gubernamentales (ONG) en la promoción de la transparencia, la rendición de cuentas y los derechos humanos.

Organizaciones de base comunitaria : comprender el impacto de las iniciativas de base comunitaria para abordar los desafíos locales y promover el desarrollo.

Emprendimiento social : Explorando el papel de los emprendedores sociales en la conducción de soluciones innovadoras a los problemas sociales.

Sociedad civil y promoción de políticas

Influir en la política pública: analizar cómo los movimientos de base y las organizaciones de la sociedad civil abogan por cambios de política y reformas sociales.

Democracia participativa: comprender el papel de la sociedad civil en la promoción de la participación ciudadana y la toma de decisiones participativa.

Colaboración Gobierno-Sociedad Civil : Evaluación de oportunidades y desafíos en la colaboración entre la sociedad civil y las instituciones gubernamentales.

Activismo digital y movilización en línea

Impacto en las redes sociales: análisis de la influencia de las plataformas de redes sociales en la movilización y amplificación de los mensajes de los movimientos de base.

Campañas de defensa en línea: explorando cómo el activismo digital genera conciencia y moviliza apoyo para diversas causas.

Retos y oportunidades

Financiamiento y Sostenibilidad : Abordar los desafíos de financiar y sostener los movimientos de base y las iniciativas de la sociedad civil.

Respuesta del gobierno: analizando la relación entre la sociedad civil y el gobierno y sus implicaciones para el activismo.

Inclusión y diversidad: enfatizar la importancia de la inclusión y la diversidad en los movimientos de base para garantizar la representación y un amplio apoyo.

En la era de "El Nuevo Poder" de 2024, los movimientos de base y las iniciativas de la sociedad civil se han convertido en fuerzas transformadoras en el panorama político y social de México. Como la voz de la gente, traen temas críticos al frente, abogan por el cambio y contribuyen a dar forma a las políticas públicas. El activismo digital y la movilización en línea han ampliado su alcance, amplificado sus mensajes y galvanizado el apoyo público. Sin embargo, persisten desafíos para sostener estos movimientos y garantizar su inclusión y efectividad. En la era de "El Nuevo Poder", empoderar y apoyar los movimientos de base y las iniciativas de la sociedad civil es crucial para promover una democracia inclusiva y participativa, fomentar el progreso social y promover las aspiraciones de la gente. A través de la colaboración entre los ciudadanos, la sociedad civil y el gobierno, México puede crear una sociedad donde la voz colectiva de su gente impulse un cambio positivo y un futuro mejor para todos.

EL ROL DE LA SOCIEDAD CIVIL EN LA POLÍTICA MEXICANA

En la era de "El Nuevo Poder" de 2024, la sociedad civil se ha convertido en un actor fundamental en la configuración de la política y la sociedad mexicanas. Como sector independiente y diverso, las organizaciones de la sociedad civil (OSC) y los movimientos de base desempeñan un papel fundamental en la defensa de los intereses de los ciudadanos, la promoción de la transparencia y la rendición de cuentas del gobierno. Este capítulo explora el papel multifacético de la sociedad civil en la política mexicana, sus contribuciones a la democracia y los desafíos que enfrenta en la búsqueda de un panorama político más inclusivo y participativo.

Definición de Sociedad Civil en México

Organizaciones no gubernamentales (ONG): comprensión de la diversa gama de ONG y sus áreas de enfoque, desde los derechos humanos hasta la conservación del medio ambiente.

Movimientos sociales e iniciativas de base: analizando el surgimiento de movimientos sociales e iniciativas de base que abogan por diversas causas y cambios de políticas.

Medios y grupos de defensa: exploración del papel de las organizaciones de medios y los grupos de defensa en la promoción de la conciencia pública y la defensa de políticas.

Promoción de la democracia y la participación política

Compromiso ciudadano: La importancia de la sociedad civil en el fomento del compromiso ciudadano y la promoción de la participación política activa.

Abogando por Reformas Electorales: Analizando los esfuerzos de la sociedad civil en abogar por reformas electorales para fortalecer el proceso democrático.

Supervisión electoral y transparencia: el papel de la sociedad civil en la supervisión electoral para garantizar elecciones libres y justas y mantener la transparencia.

Promoción de los derechos humanos y la justicia social

Defensa de los derechos humanos : El impacto de las organizaciones de la sociedad civil en la defensa de la protección de los derechos humanos y la rendición de cuentas de los perpetradores.

Igualdad de género y derechos LGBTQ+ : Analizando el papel de la sociedad civil en la promoción de la igualdad de género y los derechos LGBTQ+ en la sociedad mexicana.

Derechos indígenas y preservación cultural : comprender los esfuerzos de la sociedad civil para preservar los derechos y el patrimonio cultural de las comunidades indígenas.

Responsabilizar al gobierno

Esfuerzos anticorrupción: exploración de las contribuciones de la sociedad civil para combatir la corrupción y promover la transparencia en el gobierno.

Monitoreo y Control Ciudadano: El rol de la sociedad civil en el monitoreo de las acciones y gastos del gobierno.

Promoción de políticas y formación de políticas públicas: análisis de cómo la sociedad civil influye en la formación de políticas a través de la promoción y la movilización pública.

Colaboraciones y Desafíos

Relaciones Gobierno-Sociedad Civil: Evaluar las dinámicas de colaboración y tensión entre la sociedad civil y las instituciones gubernamentales.

Financiamiento y Sostenibilidad : Abordar los desafíos de financiamiento y sostenibilidad que enfrentan las organizaciones de la sociedad civil.

Inclusión y Representación : enfatizar la importancia de garantizar una representación diversa dentro de la sociedad civil para abordar de manera efectiva los problemas sociales.

En la era de "El Nuevo Poder" de 2024, la sociedad civil juega un papel vital en el panorama político de México, abogando por los derechos humanos, la justicia social y la rendición de cuentas del gobierno. Como una voz crucial del pueblo, las organizaciones de la sociedad civil y los movimientos de base impulsan un cambio positivo y promueven una democracia inclusiva. Los desafíos de financiación, sostenibilidad e inclusión requieren esfuerzos colectivos para superarlos. Al fomentar las relaciones de colaboración con el gobierno y promover la participación activa de los ciudadanos, la sociedad civil puede continuar impulsando el progreso y contribuyendo a un sistema político más receptivo y participativo. En la era de "El Nuevo Poder", México tiene la oportunidad de fortalecer el papel de la sociedad civil y amplificar la voz colectiva de su gente para una sociedad más equitativa y empoderada.

ESTUDIOS DE CASOS DE MOVIMIENTOS DE BASE EXITOSOS

En la era de "El Nuevo Poder" de 2024, los movimientos de base se han convertido en poderosos catalizadores del cambio en el panorama político de México. Estos movimientos, impulsados por ciudadanos apasionados y organizaciones de la sociedad civil, han defendido con éxito varias causas, lo que ha llevado a cambios políticos transformadores y al progreso social. Este capítulo examina estudios de casos de movimientos de base exitosos en México, destacando su impacto, estrategias y lecciones aprendidas.

#NiUnaMenos - Combatiendo la Violencia de Género

Contexto y Objetivos: Analizar los orígenes y objetivos del movimiento #NiUnaMenos frente a la violencia de género y el feminicidio.

Movilización pública: comprensión de las estrategias del movimiento para movilizar el apoyo público y crear conciencia sobre cuestiones relacionadas con el género.

Impacto de las políticas: evaluar la influencia del movimiento en los cambios de políticas, las reformas legales y el compromiso del gobierno para combatir la violencia de género.

#FridaysForFuture - Activismo ambiental

Activismo climático en México: examinando cómo el movimiento #FridaysForFuture movilizó a jóvenes y ciudadanos para exigir acción sobre el cambio climático.

Campañas de base: análisis de las campañas de base del movimiento y la defensa digital para la acción climática y la protección del medio ambiente.

Abogacía por reformas de políticas: comprender el papel del movimiento para influir en las políticas climáticas de México y promover la sostenibilidad.

#YoSoy132 - Empoderamiento juvenil y participación política

Movilización juvenil: analizando cómo el movimiento #YoSoy132 movilizó a los ciudadanos jóvenes para participar en el proceso político y exigir transparencia.

Redes sociales y periodismo ciudadano: comprender el papel de las redes sociales y el periodismo ciudadano en la amplificación del mensaje del movimiento.

Impacto en la política electoral: evaluación del impacto del movimiento en las elecciones presidenciales de 2012 y el discurso político posterior.

Movimiento Zapatista - Derechos Indígenas y Autonomía

Activismo Indígena: Examinando la lucha del movimiento Zapatista por los derechos indígenas y la autonomía en Chiapas.

Movilización y construcción comunitaria: comprender el enfoque comunitario del movimiento para el empoderamiento y el cambio social.

Solidaridad internacional : analizando el compromiso de los zapatistas con la sociedad civil global y su influencia en los movimientos por los derechos indígenas en todo el mundo.

#VivasNosQueremos - Derechos y seguridad de las mujeres

Abordar la violencia de género : análisis de los esfuerzos del movimiento #VivasNosQueremos para abordar el feminicidio y la violencia contra las mujeres.

Demostraciones Públicas : Comprender el uso que hace el movimiento de manifestaciones públicas y activismo artístico para exigir justicia y seguridad para las mujeres.

Impacto en la política y la conciencia : evaluación del impacto del movimiento en la conciencia pública y los cambios de política relacionados con la violencia de género.

En la era de "El Nuevo Poder" de 2024, estos estudios de caso de movimientos de base exitosos en México demuestran el poder transformador de la sociedad civil para dar forma al panorama político y social de la nación. Estos movimientos no solo han puesto de relieve cuestiones críticas, sino que también han influido en los cambios de políticas, promovido la inclusión y empoderado a los ciudadanos para que sean agentes activos del cambio. A través de la movilización, la defensa digital y la participación comunitaria, los movimientos de base han impulsado el progreso en la protección ambiental, la igualdad de género, los derechos indígenas y la participación política. Al estudiar estos exitosos estudios de caso, México puede extraer lecciones valiosas sobre la efectividad del activismo de base, el poder de la movilización social y la importancia de fomentar una democracia inclusiva y participativa. En la era de "El Nuevo Poder", México tiene la oportunidad de apoyar y amplificar las voces de la sociedad civil para construir una sociedad más equitativa y empoderada para todos sus ciudadanos.

DISCURSO MEDIÁTICO Y POLÍTICO

En la era de "El Nuevo Poder" de 2024, los medios de comunicación juegan un papel fundamental en la configuración del panorama político de México e influyen en la opinión pública. Como plataforma clave para la difusión de información, los medios de comunicación tienen un poder significativo para enmarcar el discurso político, dar forma a las percepciones públicas y hacer que los actores políticos rindan cuentas. Este capítulo explora la interacción entre los medios y la política en México, examinando el papel de los medios tradicionales y digitales, los desafíos de la independencia de los medios y el impacto de los medios en la participación política.

Panorama mediático en México

Medios de comunicación tradicionales: analizando el dominio y la influencia de los medios tradicionales como la televisión, la radio y los periódicos.

Medios digitales y redes sociales : comprender el auge de las plataformas de medios digitales y las redes sociales como herramientas poderosas para la comunicación política.

Propiedad e independencia de los medios : evaluación del impacto de la propiedad de los medios en la independencia editorial y la libertad de los medios.

Enmarcando el Discurso Político

Establecimiento de la agenda de los medios : comprender cómo los medios influyen en la opinión pública al establecer la agenda sobre cuestiones políticas.

Informes políticos y sesgo : análisis del papel del sesgo de los medios en la configuración de la narrativa en torno a eventos y personalidades políticas.

Influencia de los líderes de opinión y los expertos : examen del impacto de los líderes de opinión y los expertos políticos en las percepciones públicas.

Papel en las elecciones y campañas políticas

Cobertura mediática de las elecciones : comprensión de cómo los medios cubren las campañas electorales y su impacto en el comportamiento de los votantes.

Publicidad política : análisis del papel de la publicidad política en la formación de las percepciones públicas de los candidatos y los partidos.

Regulaciones e imparcialidad de los medios : evaluación de la eficacia de las regulaciones de los medios para garantizar una cobertura justa y equilibrada durante las elecciones.

Retos y oportunidades

Noticias falsas y desinformación: abordar el desafío de las noticias falsas y la desinformación en la era digital.

Censura de los medios y libertad de expresión : análisis del impacto de la censura de los medios en el discurso político y la libertad de expresión.

Alfabetización mediática y pensamiento crítico : promover la alfabetización mediática y el pensamiento crítico para empoderar a los ciudadanos en la navegación de la información de los medios.

Medios y Participación Política

Los medios como herramienta para la participación ciudadana : exploración de cómo los medios pueden facilitar la participación ciudadana y política.

Rol del Periodismo Ciudadano : Comprender el rol del periodismo ciudadano en la democratización de la difusión de la información.

Medios y movimientos sociales: analizando cómo la cobertura de los medios influye en la dinámica de los movimientos sociales y la incidencia política.

En la era de "El Nuevo Poder" de 2024, los medios y el discurso político están entrelazados, y los medios sirven como mediadores cruciales entre la política y los ciudadanos. Al dar forma a la opinión pública, establecer la agenda política y brindar información, los medios influyen en las decisiones políticas y el compromiso público. Sin embargo, se deben abordar desafíos como el sesgo de los medios, la desinformación y la censura para garantizar un discurso democrático saludable. La alfabetización mediática y el pensamiento crítico son esenciales para que los ciudadanos naveguen por el panorama de los medios de manera efectiva y se involucren en una participación política informada. A medida que México adopta la era del "Nuevo Poder", la promoción de la libertad de prensa, la independencia y el periodismo responsable fomentará una ciudadanía informada y comprometida, impulsando un sistema político más transparente e inclusivo. Al aprovechar el potencial de los medios como herramienta para la democracia, México puede fortalecer sus instituciones democráticas y empoderar a su pueblo para que participe activamente en la configuración del futuro de la nación.

PANORAMA DE LOS MEDIOS Y SU INFLUENCIA EN LA POLÍTICA

En la era de "El Nuevo Poder" de 2024, el panorama de los medios en México es más diverso e influyente que nunca. Los medios de comunicación, tanto tradicionales como digitales, ejercen un poder considerable para dar forma a las narrativas políticas, influir en la opinión pública y establecer la agenda del discurso político. Este capítulo examina la evolución del panorama de los medios en México y su profunda influencia en la política, analizando el papel de la propiedad de los medios, el sesgo de los medios, las plataformas digitales y el impacto de los medios en la toma de decisiones políticas.

Los medios tradicionales y su alcance

Televisión : Entender el dominio de la televisión como fuente primaria de noticias e información política para la población mexicana.

Radio y medios impresos: analizando la influencia de la radio y los periódicos en la configuración de las narrativas políticas regionales y locales.

Propiedad e independencia editorial: evaluación de la influencia de la propiedad de los medios en la independencia editorial y el potencial de sesgo de los medios.

Los medios digitales y el auge de las redes sociales

Plataformas digitales: exploración del auge de las plataformas de medios digitales y su impacto en la difusión de noticias e información.

Redes sociales y participación política: analizando cómo las plataformas de redes sociales han transformado la comunicación política y la participación ciudadana.

Influencia de los influencers de las redes sociales: comprender el papel de los influencers de las redes sociales en la configuración de las percepciones públicas y el discurso político.

Sesgo y encuadre de los medios

Sesgo de los medios en los informes: análisis de la presencia de sesgos de los medios y su impacto en los informes políticos.

Encuadre de eventos políticos: comprensión de cómo el encuadre de los medios influye en las percepciones públicas de los eventos y problemas políticos.

Giro político y mensajes: evaluación del papel del giro político en la configuración de la cobertura de los medios y la opinión pública.

Campañas mediáticas y políticas

Publicidad Política: Analizar el uso de los medios de comunicación en la publicidad política durante las campañas electorales.

Cobertura mediática de los candidatos políticos: comprensión de cómo la cobertura mediática influye en las percepciones de los votantes sobre los candidatos políticos.

Debates en los medios y desempeño de los candidatos : examen del impacto de los debates en los medios sobre la toma de decisiones de los votantes.

Influencia de los medios en la toma de decisiones políticas

Establecimiento de agenda: comprender cómo los medios establecen la agenda política y dan forma a las prioridades públicas.

Impacto de las políticas: análisis de la influencia de los medios en la toma de decisiones políticas y la formación de políticas.

Rendición de cuentas de los medios y responsabilizar a los políticos: evaluar el papel de los medios para responsabilizar a los políticos por sus acciones y decisiones.

En la era de "El Nuevo Poder" de 2024, el panorama de los medios en México es un factor crítico en la configuración de la política y la opinión pública. Desde los medios de comunicación tradicionales como la televisión y la prensa hasta el auge de las plataformas digitales y las redes sociales, los medios desempeñan un papel central en el discurso político y la toma de decisiones. El sesgo de los medios, el encuadre y la publicidad política pueden influir significativamente en las percepciones públicas y el comportamiento de los votantes. Mientras México navega en este entorno dinámico de los medios, promover la libertad de los medios, la independencia y el periodismo responsable es crucial para fomentar una ciudadanía informada y comprometida. Al aprovechar el potencial de los medios como una herramienta para la transparencia, la rendición de cuentas y el empoderamiento de los ciudadanos, México puede fortalecer sus instituciones democráticas y garantizar que los medios sirvan como una fuerza poderosa para el cambio positivo en el panorama político de la nación.

PROMOCIÓN DEL PERIODISMO RESPONSABLE Y LA INTEGRIDAD DE LA INFORMACIÓN

En la era de "El Nuevo Poder" de 2024, el periodismo responsable y la integridad de la información son fundamentales para dar forma al panorama político de México y fomentar una ciudadanía informada. Los medios de comunicación, como poderosos conductos de información, tienen un papel importante en la formación de la opinión pública y el discurso político. Este capítulo profundiza en la importancia de promover el periodismo responsable, combatir la desinformación y defender la integridad de la información para el mejoramiento de la sociedad democrática de México.

El papel del periodismo en la democracia

Cuarto Poder: Comprender el papel crucial del periodismo como el cuarto poder, haciendo que el poder rinda cuentas e informando al público.

Principios éticos: analizar los principios y estándares éticos a los que deben adherirse los periodistas, como la precisión, la equidad y la imparcialidad.

Los medios como bien público: reconocer el papel de los medios como un bien público, sirviendo al interés público y promoviendo la transparencia.

Combatir la desinformación y las noticias falsas

El desafío de la desinformación: abordar el creciente problema de la desinformación y su impacto en la opinión pública.

Verificación y verificación de hechos: comprender la importancia de la verificación y verificación de hechos para combatir las noticias falsas.

Educación en alfabetización mediática: promover la educación en alfabetización mediática para empoderar a los ciudadanos a distinguir entre información confiable y desinformación.

Transparencia e Integridad de la Información

Transparencia de la fuente: abogar por la transparencia en los informes de los medios, incluida la atribución y el abastecimiento claros.

Independencia editorial: garantizar la independencia editorial para proteger a las organizaciones de medios de influencias indebidas.

Divulgación de la propiedad de los medios: análisis de la importancia de divulgar la propiedad de los medios para promover la transparencia.

Libertad y seguridad periodística

Libertad de Prensa: Sostener y defender la libertad de prensa como pilar de una sociedad democrática.

Protección de Periodistas : Abordar la seguridad y protección de los periodistas en su búsqueda de la verdad.

Ética y responsabilidad de los periodistas : enfatizar el papel de los periodistas para informar de manera responsable y evitar el sensacionalismo.

Iniciativas de colaboración e industria

Colaboración contra la desinformación : Promover la colaboración entre organizaciones de medios y plataformas tecnológicas para combatir la desinformación.

Iniciativas de integridad de los medios : comprensión de las iniciativas lideradas por la industria para promover la integridad de los medios y la información responsable.

Involucrar al público : alentar a las organizaciones de medios a involucrarse con el público y responder a los comentarios de la audiencia.

En la era de "El Nuevo Poder" de 2024, promover el periodismo responsable y la integridad de la información es esencial para nutrir una democracia saludable e informada en México. Al defender los principios éticos, combatir la desinformación y garantizar la transparencia, los medios de comunicación pueden desempeñar un papel crucial para informar a los ciudadanos y hacer que los que están en el poder rindan cuentas. La alfabetización mediática es vital para empoderar al público para que sea un consumidor crítico de información. A través de la colaboración, las iniciativas de la industria y la participación pública, las organizaciones de medios pueden fortalecer su credibilidad y fomentar la confianza del público. Mientras México navega por un panorama mediático dinámico, adoptar el periodismo responsable contribuirá a una democracia más transparente, participativa y resiliente. En la era de "El Nuevo Poder", México tiene la oportunidad de defender el periodismo responsable, salvaguardando el derecho del público a la información veraz y confiable para el mejoramiento de su sociedad democrática.

CONCLUSIÓN

EL CAMINO DE MÉXICO HACIA ADELANTE: HACIA UN

NUEVO PODER EN 2024 Y MÁS ALLÁ

En la era de "El Nuevo Poder" de 2024, México se encuentra en un momento crítico en su viaje político. Este libro ha explorado varias facetas de la política de México, desde su evolución histórica hasta los desafíos y oportunidades que enfrenta en la actualidad. A medida que la nación traza su camino hacia adelante, este capítulo final reflexiona sobre los temas clave discutidos y describe el potencial de México para una nueva era de progreso y empoderamiento político.

Evolución política y democratización

El panorama político de México ha experimentado transformaciones significativas, pasando de un régimen autoritario a una democracia vibrante. El camino hacia la democratización ha estado marcado por luchas por los derechos humanos, las libertades civiles y la participación política. Si bien se han logrado avances notables, persisten los desafíos de la corrupción, el crimen y la desigualdad social.

El papel de la sociedad civil y los movimientos de base

En la era de "El Nuevo Poder", la sociedad civil y los movimientos de base se han convertido en poderosos agentes de cambio. Desde la defensa de los derechos humanos y la justicia social hasta la promoción de la protección del medio ambiente, estos movimientos amplifican la voz de la gente y hacen que el poder rinda cuentas. Aceptar su influencia es vital para construir un sistema político más inclusivo y receptivo.

Panorama mediático y discurso público

Los medios de comunicación desempeñan un papel central en la configuración de las narrativas políticas y en la influencia de la opinión pública. Garantizar un periodismo responsable, combatir la desinformación y promover la libertad de prensa son esenciales para fomentar una ciudadanía informada y comprometida. A medida que México navega por la era digital, aprovechar los medios digitales para lograr transparencia y participación pública puede fortalecer su base democrática.

Reformas institucionales y esfuerzos anticorrupción

La gobernanza eficaz se basa en instituciones sólidas y medidas anticorrupción. Los esfuerzos continuos para reformar las instituciones, mejorar la transparencia y combatir la corrupción son esenciales para generar confianza pública y garantizar la distribución equitativa de los recursos.

Empoderando a la juventud y la educación

Empoderar a la juventud es crucial para asegurar el futuro de México. Invertir en educación, desarrollo de habilidades y participación de los jóvenes en la política puede fomentar una sociedad más vibrante y dinámica. Los jóvenes empoderados aportan nuevas perspectivas, ideas innovadoras e impulsan un cambio positivo.

Política Exterior y Compromiso Global

La política exterior de México juega un papel importante en la configuración de su posición global y en el abordaje de los desafíos transnacionales. El fortalecimiento de la cooperación internacional, la promoción de asociaciones comerciales y económicas y la defensa de los derechos humanos en el escenario global pueden mejorar la influencia y la contribución de México a los asuntos globales.

A medida que se desarrolla la era "The New Power" en 2024 y más allá,

México tiene la oportunidad de aprovechar su rica historia, su cultura diversa y la resiliencia de su gente para superar los desafíos e impulsar el progreso. Fomentar una democracia participativa, empoderar a la sociedad civil y garantizar un gobierno responsable son fundamentales para lograr una sociedad más próspera y justa. Al adoptar la transparencia, combatir la corrupción y promover la integridad de la información, México puede fortalecer los cimientos de su democracia y generar confianza pública.

En la búsqueda de un futuro más inclusivo, México debe priorizar la educación, el empoderamiento de la juventud y el desarrollo sostenible. Adoptar la tecnología y las plataformas digitales puede amplificar las voces de sus ciudadanos, fomentar el cambio social y conectarse con la comunidad global.

El camino a seguir para México radica en los esfuerzos de colaboración entre el gobierno, la sociedad civil y los ciudadanos para abordar problemas complejos y construir una visión colectiva para el progreso de la nación. En la era de "El Nuevo Poder", el viaje de México no está predeterminado, y las acciones que se tomen hoy darán forma al futuro de la nación. A medida que la nación avanza hacia un mañana más brillante, debe recordar que el poder reside en su pueblo, unido en un propósito y decidido a crear un México más próspero y equitativo.

EPÍLOGO

REFLEXIONES SOBRE

"EL NUEVO PODER 2024"

Y CONSTRUYENDO UN MÉXICO MEJOR

En este capítulo final, reflexionamos sobre el viaje a través de la era "El Nuevo Poder" de 2024 en la política de México. Examinamos los hitos alcanzados, los desafíos enfrentados y la visión colectiva por un México mejor. A medida que la nación mira hacia el futuro, el epílogo enfatiza la importancia de la unidad, la inclusión y la participación activa de los ciudadanos en la construcción de un futuro próspero y equitativo.

Celebrando los logros y el progreso

La era del "Nuevo Poder" ha sido testigo de logros notables en el panorama político de México. Desde el surgimiento de los movimientos de la sociedad civil hasta las reformas de políticas y los avances tecnológicos, la nación ha adoptado nuevas dinámicas de gobierno y participación pública.

Celebrar estos logros sirve como un recordatorio del potencial de cambio positivo cuando las personas y las comunidades se unen por una causa común.

Reconocer los desafíos y asuntos pendientes

A pesar del progreso, México aún enfrenta desafíos críticos. La corrupción, el crimen, la desigualdad social y la degradación ambiental requieren esfuerzos sostenidos y soluciones colaborativas. Reconocer los obstáculos que se avecinan es esencial para desarrollar estrategias integrales que aborden las causas profundas de estos problemas.

El poder de la colaboración y la inclusión

La era "The New Power" ha demostrado el poder transformador de la colaboración y la inclusión. Al abrazar la diversidad e involucrar a ciudadanos de todos los ámbitos de la vida, México puede aprovechar la sabiduría y la fuerza colectivas para crear soluciones innovadoras a sus desafíos más apremiantes.

Fomentando los valores democráticos

Una democracia sólida se basa en valores democráticos como la transparencia, la rendición de cuentas y el respeto de los derechos humanos. Fomentar una cultura que defienda estos valores es vital para una sociedad democrática próspera donde los ciudadanos participen activamente en la configuración de su futuro.

Jóvenes como Agentes de Cambio

Los jóvenes de México tienen un inmenso potencial como agentes de cambio. Empoderar a los ciudadanos jóvenes a través de una educación de calidad, el desarrollo de habilidades y una participación política significativa es fundamental para una nación dinámica y progresista.

Adoptar la tecnología para el progreso

Los avances tecnológicos tienen la capacidad de remodelar la gobernanza, el discurso público y el compromiso cívico. Adoptar la tecnología de manera responsable y aprovecharla para una gobernanza transparente y el empoderamiento de los ciudadanos puede abrir nuevas posibilidades para el progreso de México.

Una visión para el futuro

Mientras México mira hacia el futuro, se debe elaborar una visión colectiva que trascienda las divisiones políticas y los intereses creados. Esta visión debe basarse en un compromiso con el desarrollo sostenible, la justicia social y la prosperidad inclusiva para todos.

Ciudadanía Activa y Responsabilidad Cívica

Construir un México mejor requiere ciudadanía activa y responsabilidad cívica. Involucrarse en un diálogo constructivo, participar en procesos democráticos y hacer que los líderes rindan cuentas son los sellos distintivos de una ciudadanía empoderada.

Abrazando "El Nuevo Poder" más allá de 2024

La era del "Nuevo Poder" de 2024 no es un período finito sino un viaje continuo de progreso y transformación. Adoptar los principios de "El Nuevo Poder" más allá de 2024 asegura que la visión de un México mejor perdure para las generaciones venideras.

En este epílogo, reflexionamos sobre el impacto de la era "El Nuevo Poder" en la política y la sociedad de México. Celebramos los logros, reconocemos los desafíos y subrayamos la importancia de la unidad, la inclusión y la ciudadanía activa en la construcción de una nación próspera y equitativa. A medida que México avanza, debe permanecer comprometido con los valores democráticos que empoderan a su gente y fomentan una sociedad más resiliente y vibrante. El camino hacia un México mejor requiere un esfuerzo colectivo, una visión compartida y un compromiso inquebrantable con los principios de "El Nuevo Poder". Con espíritu de progreso, abracemos el futuro con esperanza, determinación y una creencia compartida en el potencial ilimitado del pueblo de México y su espíritu democrático. Juntos podemos construir un México mejor, una nación que se erige como un faro de democracia, justicia y prosperidad para todos.

SOBRE EL AUTOR

"El Nuevo Poder 2024: Política en México" es una exploración convincente del panorama político de México y su viaje hacia un futuro más brillante. A medida que los lectores profundizan en las complejidades de la política y la sociedad de México, es esencial comprender los antecedentes y la experiencia del autor que escribió este perspicaz libro. A lo largo de los años, King Rojo ha acumulado una amplia experiencia en el campo del análisis político y las relaciones internacionales. Su experiencia se ha perfeccionado a través de funciones de investigación, consultoría y asesoramiento con grupos de expertos de renombre, instituciones académicas y organismos gubernamentales. A través de estas experiencias, han cultivado una perspectiva única sobre la evolución política de México y su lugar en la arena global.

Conoce al autor

King Rojo